직원채용 및 정부지원, 법정수당, 연차휴가, 퇴직금

근로기준법, 인사노무, 퇴직연금 임금 및 4대보험 핵심 실무서

이진규 지음

- ▶ 채용, 임금, 법정수당, 휴가
- ▶ 퇴직, 퇴직금, 퇴직연금
- ▶ 4대보험 실무
- ▶ 인건비 관련 세무실무

"근로자 관리를 위한 지침서."

■ 저자 이진규 (약력)
(현)삼일인포마인 세무상담위원
(현)비즈폼, 이지분개 세무상담위원
　　20여년간 세무상담
(현)경영정보사 도서 집필 및 발간
(전)국세청 세무조사관

■ 저자 저서
법인관리 및 법인세무 컨설팅
법인기업의 세무회계실무
세법의 가산세 및 세무회계실무
부가가치세 및 원천세 실무
세금개요 및 절세

**근로기준법, 인사노무, 퇴직연금
임금 및 4대보험 핵심 실무서**

2025. 02. 01. 개정판 발행
저　　자 : 이　진　규
발 행 인 : 강　현　자
발 행 처 : 경영정보사
신고번호 : 제2021 - 00026호

주　　소 : 대구시 동구 동촌로 255
　　　　　 태왕 아너스 101동 401호
전　　화 : 080 - 250 - 5771
홈페이지 : www.ruddud.co.kr
E-Mail　 : lee24171@naver.com

정　　가　　20,000원

머리말

이 책은 중소기업의 경리담당자를 위한 실무서로 근로자 관리를 위한 근로기준법 규정과 4대보험 실무 및 세무회계사무소에 장부기장을 맡기고 있는 기업의 세금계산서 등 증빙관리 등에 대한 구체적인 방법을 제시하고 있습니다.

노동 관련 법령의 경우 근로기준법 등에서 규정하고 있으나 그 내용이 매우 포괄적이고, 용어의 적용 등에 있어 법리판단을 요하는 내용이 많아 실무처리를 함에 있어 여러 가지 어려움이 있을 수 있습니다. 따라서 특정 사안이 발생하는 경우 법령만을 보고 적용할 수 없는 내용들이 많다 보니 주로 고용노동부의 행정해석 사례, 판례 등을 참고하여 업무처리를 하고 있는 실정입니다. 이와 같은 사유로 이 책은 중소기업의 인사 및 노무업무 담당 직원을 위한 기본적인 내용 및 중요 실무 사례를 수록하였습니다.

예를 들어 월급제 근로자의 시급 계산, 월 중 입사자 및 퇴사자의 임금, 결근시 일당 공제액, 연장·야간·휴일근로수당의 계산방법, 통상임금과 평균임금의 구체적 적용 사례, 연차유급휴가 일수 계산, 퇴직금 계산방법 등에 대한 내용 등입니다.

끝으로 중소기업의 경리관련 업무에 종사하시는 분들에게 본 서가 업무에 유익한 도서가 되기를 바랍니다.

2025년 2월
저자 이 진 규

근로기준법, 인사노무, 퇴직연금 임금 및 4대보험 핵심 실무서

[제1부] 채용, 임금, 퇴직금 및 퇴직연금제도

채용 관련 업무, 취업규칙 작성, 근로시간, 통상임금 및 평균임금 계산방법, 식대 및 차량유지비의 통상임금 및 평균임금 산입여부, 주휴수당, 연차일수 및 연차수당, 연장·야간·휴일근로수당 계산, 결근·조퇴시 임금계산방법, 최저임금제도, 근로자 해고시 유의할 사항, 퇴직금제도, 퇴직금 계산, 확정기여형 퇴직연금 및 확정급여형퇴직연금제도 비교 및 회계처리 등 노무관리 전반에 대한 실무내용을 수록하였으며, 개정 근로기준법 내용을 반영하였습니다.

[제2부] 4대보험 핵심 실무

신규입사자 4대보험 신고 및 퇴사자의 4대보험 정산, 4대보험료 정산 및 회계처리, 임금 인상과 관련한 4대보험 처리방법, 4대보험 관련 실무 유의사항, 사업주 4대보험 가입, 4대보험료 납부에 대한 혜택, 의료비 본인부담금 환급제도 등 핵심 실무내용을 수록하였습니다.

[제3부] 고용창출 지원제도, 저소득자 지원제도

기업의 고용창출과 관련하여 국가가 지원하는 지원금인 청년 추가고용 지원금, 청년 및 재직자 내일채움공제제도, 두루누리, 일자리 안정자금 및 고용증대세액공제, 사회보험료 세액공제 등 세금혜택에 대한 내용과 저소득자에 대한 정부지원제도인 근로장려금제도에 대하여 수록하였습니다.

목 차

**근로기준법, 인사노무, 퇴직연금
임금 및 4대보험 핵심 실무서**

CONTENTS •••••

임금, 법정수당, 퇴직연금

section 01 직원 채용과 근로계약 체결

① **근로계약 체결**	**3**
② **근로계약기간**	**5**
계약기간을 정하지 않은 근로계약(정규직)	5
기간의 정함이 있는 근로계약(계약직)	5
일정한 사업완료에 필요한 기간을 정한 근로계약	6

③ **채용내정, 시용기간, 수습기간**   8
수습기간   9
인턴사원   10

④ **근로계약서 작성 및 근로조건 명시**   11
근로계약시 서면으로 근로자에게 교부하여야 하는 내용   12
근로조건 명시의무 위반과 구제   12
표준 근로계약서   13

⑤ **근로계약 체결시 사용자 금지사항 등**   15
강제 근로, 중간착취의 배제 등   15
임금 등 금전과 관련한 금지 사항   16

⑥ **직원채용시 처리하여야 할 업무 등**   19
채용 관련 구비서류   19
급여 지급과 관련한 업무   19
4대보험 자격 취득신고   20

section 02 근로기준법의 임금 휴가, 연차, 법정수당

① **근로계약 및 임금**   22
임금 지급 및 임금대장 작성   23
상여금 지급과 근로기준법   24
임금 지급시 임금명세서 교부 의무   26

② **근로시간**   28
법정근로시간, 연장근로   28
탄력적 근로시간제   29
탄력적 근로시간제 개정 근로기준법 주요 내용   32
주52시간 근로제도   35

③ **휴일 및 휴가**   38
법정휴일 및 법정외 휴일   38
연차 유급휴가   39

4 법정수당 45
연장근로수당 45
시급 계산 46
야간근로수당 47
주휴수당 47
일용직 근로자의 주휴수당 48
휴일근로수당 50
휴업수당 50

5 결근·조퇴·지각시 임금공제 51
결근시 임금 공제액 계산 사례 51

6 평균임금 및 통상임금 53
차량유지비의 평균임금 포함 여부 53
식대의 평균임금 포함 여부 54
평균임금 산정방법 57
식대의 통상임금 포함 여부 57
차량유지비의 통상임금 포함 여부 57
통상임금 산정방법 (시간급 산정) 58
통상임금 계산 사례 58
통상임금 및 평균임금 등의 판단기준 예시 59

7 최저임금 62

8 근로자 해고 65

9 수습기간 근로기준법 66
수습기간 연차휴가 66

10 근로자 4인 이하 사업장의 근로기준법 68
근로기준법 적용 인원 기준 68
4인 이하 사업장 근로기준법 예외 내용 등 68
5인 미만, 5인 이상 변동시 연차휴가 71

■ 급여 압류 제한 72
압류금지 최저금액(월급여 185만원) 72

▣ 근로기준법 및 고용노동부 홈페이지 자료	74
근로기준법 및 시행령, 시행규칙	74
10인 이상 사업장 취업규칙 작성 비치 의무	75
취업규칙에 관한 근로기준법 규정	76
근로기준법 관련 고용노동부 자료	78
[질의회시집] → 근로자퇴직급여보장법 질의회시집	79
고용노동부의 사업주 및 근로자 지원제도	80
2025년 출산 및 육아 지원 관련 개정 내용	82

section 03 법정 퇴직금 및 실직 근로자 지원제도

1 **퇴직금 계산**	87
법정 퇴직금	87
계속 근로연수에 포함하여야 하는 기간	88
입사기준일과 퇴사기준일	88
평균임금 계산	89
평균임금에 포함하는 임금 및 제외하여야 하는 것	89
퇴직금 계산 사례	90
퇴직자 연차수당 및 퇴직금 계산시 포함하는 연차수당	91
법정외 퇴직금	93
퇴직금 지급대상자	93
외국인 근로자 퇴직금 지급 여부	93
퇴직금 지급기한 및 지연이자	93

2 **근로자 4인 이하 사업장 퇴직금**	95
상시근로자 4인 이하 사업장 기준	95
4인 이하 사업장 퇴직급여 적용 및 적용시기	96

3 **실직근로자 지원제도**	97
실업급여 개요	97
구직급여 (실업급여)	98
실업급여 가입기간별·연령별 지급일수	98
실업급여 인상	98

section 04 퇴직금, 확정기여, 확정급여형 퇴직연금

1	퇴직연금 도입 배경 및 개요	100
근로자 수에 따른 퇴직연금 의무가입 연도	103
퇴직연금 시행전 근무기간의 퇴직금 지급	103

2 퇴직급여제도의 설정   104
퇴직급여제도를 설정하지 않아도 되는 근로자   104
퇴직급여제도 요약표   105

3 퇴직금제도 종류   106
기존의 퇴직금제도 설정   106
퇴직연금제도 미설정에 따른 처리   106
확정기여형퇴직연금제도(DC)   106
확정기여형퇴직연금의 가입기간   107
확정급여형 퇴직연금제도(DB)   108
퇴직금제도과 퇴직연금제도 비교   110
확정급여형퇴직연금과 확정기여형퇴직연금 비교   111
개인형 퇴직연금제도(IRP)   112
두 종류 이상 퇴직연금제도 설정   113

4 퇴직금 지급   114
기존의 퇴직금 제도를 운용하는 회사   114
확정급여형퇴직연금제도를 운용하는 회사   116
확정기여형퇴직연금제도를 운용하는 회사   116

section 05 퇴직연금 세무회계, 퇴직소득세 과세이연

1 퇴직연금 비용처리 및 원천징수 개요   117
퇴직연금부담금의 비용처리   117
퇴직금 추가 지급시 퇴직소득세 원천징수   119
퇴직금 중간정산   120

② 확정기여형 퇴직연금제도(DC)   123
- 퇴직연금 및 수수료 납부 회계처리   123
- 퇴직금제도에서 퇴직연금제도로 변경시 회계처리   124
- 퇴직급여충당부채 및 퇴직급여충당금   125
- 퇴직연금외 퇴직금 추가 지급액이 있는 경우   126
- 퇴직금 추가 지급액에 대한 원천징수방법   127

③ 확정급여형퇴직연금제도(DB)   129
- 당해 연도 퇴직금 발생액의 비용계상   129
- 확정급여형퇴직연금의 손금(필요경비)산입   129
- 확정급여형퇴직연금 손금(필요경비)산입 방법   132
- 결산조정에 의한 손금산입   132
- 신고조정에 의한 손금산입   132
- 퇴직연금적립금의 운용수익에 대한 회계처리   134

④ 임원 퇴직금   135
- 임원의 퇴직소득 중 근로소득에 해당하는 금액 계산   136
- 임원의 퇴직금 중간정산   136
- 법인 임원에게 퇴직금중간정산을 할 수 있는 경우   136

⑤ 퇴직소득세 신고 및 납부   137
- 퇴직연금제도를 시행하고 있지 않는 회사   137
- 확정기여형 퇴직연금의 퇴직소득세 징수   138
- 퇴직급여를 연금으로 받는 경우 원천징수세율   139
- 확정급여형 퇴직연금의 퇴직소득세 징수   140
- 퇴직소득세 계산   141
- 해고예고수당은 퇴직금에 해당함   142
- 개정 규정에 의한 퇴직소득세 계산 방법   142
- 퇴직소득세 자동계산 프로그램   142
- 근속연수별 소득공제   143
- 소득세 기본세율   144

⑥ 퇴사자 4대보험 정산 등   145
- 퇴사자 4대보험 자격상실신고   145
- 퇴사자 건강보험료 및 고용보험료 정산   145
- 퇴사자 근로소득세 및 4대보험료 정산 회계처리   146

4대 사회보험료 핵심 실무

section 01 4대보험료 고지 및 징수·납부·정산

① 4대보험 가입대상 사업장 및 가입신고　　　　151

② 4대보험 가입신고 및 절차　　　　153

③ 4대보험 가입대상 근로자 및 가입신고　　　　154

④ 4대보험료 고지 및 정산 [근로자]　　　　165

⑤ 4대보험 관련 기타 실무 유의사항　　　　169

section 02 건강보험료 부과기준 등

① **직장가입자 건강보험료**　　　　**170**
건강보험료율 등　　　　170
근로소득 외 소득이 있을 시 건강보험료 납부　　　　171

② **자녀등의 피부양자로 될 수 없는 경우**　　　　**172**
건강보험 피부양자 대상 여부 판단시 포함하는 소득　　　　176
부양가족 중 소득이 있는 경우 건강보험료 납부　　　　180
　　피부양자 대상 여부 판정 소득 2천만원 기준　　　　182

③ **실업자, 퇴직자에 대한 건강보험료 납부 특례**　　　　**184**

④ **자영업자의 지역 건강보험료 부과기준**　　　　**186**

목차 7

section 03 개인기업 사업주 4대보험가입 및 보험료

1	개인기업 사업주의 4대보험료	192
2	자영업자의 지역 건강보험료 부과기준	196
3	자영업자 본인 고용보험 가입 및 실업급여	197
4	자영업자 본인 산재보험 가입	198

section 04 4대보험료 납부에 따른 혜택 등

1	국민연금 불입에 따른 혜택	**199**
2	고용보험료 납부에 따른 혜택	**204**
3	의료비 본인부담금 환급제도	**205**

section 05 일용근로자 근로기준법·4대보험·원천징수

1	**일용직근로자 및 법정수당 등**	**209**
	일용직근로자의 법정수당 및 퇴직금	210
	일용직근로자의 연장·야간·휴일근로 가산수당	211
2	**일용직근로자 4대보험 가입 및 신고**	**212**
	일용직 근로자 고용보험 및 산재보험 가입 요약표	213
	일용직 근로자의 '근로내용확인신고서' 제출	215
3	**일용직근로자 세무실무**	**216**

고용창출 및 저소득근로자 지원제도

section 01 고용창출 정부지원 및 세금 감면

1 **청년일자리 도약 장려금 사업**	**223**
2 **고용촉진과 관련한 지원금 등**	**228**
고용촉진장려금	228
고령자 계속고용장려금	233
고령자 고용안정지원금	234
현장실습 훈련(시니어인턴십) 지원사업	237
3 **두루누리 사회보험**	**241**

section 02 고용창출 관련 세금 감면

1 **고용증대 세액공제**	**243**
상시근로자가 감소하지 않은 경우 추가 공제	246
통합고용세액공제 신설	249
2 **고용증가 인원에 대한 사회보험료 세액공제**	**251**
3 **근로소득을 증대시킨 기업의 세액공제 등**	**254**
4 **청년 등 취업자에 대한 소득세 감면**	**258**
중소기업 청년 등 취업자에 대한 소득세 감면	258
감면대상 청년 근로자 등	260
감면대상 업종	261

section 03 근로장려금 지원제도

① **근로장려금 지원기준 및 금액**	**263**
소득금액 기준	263
소득종류별 소득금액 계산 방법	266
사업소득의 업종별 조정률	267
부양가족 기준	267
재산 기준	268
근로장려금 지원금액	269
단독가구	269
홑벌이 가족가구	269
맞벌이 가족가구	269
근로장려금 신청 및 환급	270
② **자녀장려금**	**272**

경영정보사 홈페이지 무료 이용

[아이디] aa11
[비밀번호] aa1111

<경영정보사 홈페이지>
2025년도 시행 개정 세법 등

[1] 도서 내용 중 수정 사항 및 개정세법 등은 경영정보사 홈페이지를 통하여(공지사항 및 최신 개정세법) 확인할 수 있으며,

홈페이지에 수정 내용 등을 수록하여 두었음에도 이를 확인하지 아니하는 경우 중대한 세무적 문제가 발생할 수도 있으므로 경영정보사 홈페이지 내용을 확인하여 주시기를 간곡히 당부드립니다.

[2] 세법은 정부의 정책에 따라 수시로 개정이 됩니다. 따라서 이러한 개정내용을 경영정보사 홈페이지에 게재하여 두었으며. 또한 지면 관계상 책에 수록하지 못한 내용은 홈페이지에 올려 두었습니다.

[3] 경영정보사에서 발간한 도서를 구입하신 분은 경영정보사 홈페이지의 다양한 자료를 무료로 사용할 수 있습니다.

▶ 경영정보사 홈페이지 무료 이용 방법
(네이버 검색창) 경영정보사 또는 www.ruddud.co.kr 입력
[지정 아이디] aa11
[지정 비밀번호] aa1111

CHAPTER 1

직원채용과 근로계약
임금, 근로시간, 휴가
퇴직금, 퇴직연금제도

SECTION 01
직원채용과 근로계약 체결 및 근로계약서 작성시 유의할 사항

1 근로계약 체결

🔲 근로계약

근로계약은 근로자가 사용자에게 근로를 제공하고 사용자는 이에 대하여 임금을 지급함을 목적으로 체결하는 계약으로 근로자가 회사(사용자)의 지시에 따라 일을 하고 이에 대한 대가로 회사가 임금을 지급하기로 한 계약을 말합니다. 대부분의 회사는 분쟁을 예방하기 위해 일정한 서면형식으로 체결하고 있으며, 근로계약서를 교부하지 않을 경우 500만원 이하의 벌금에 처하게 될 수 있습니다.

🔲 근로기준법을 위반한 근로계약(제15조)

① 근로기준법에서 정하는 기준에 미치지 못하는 근로조건을 정한 근로계약은 그 부분에 한하여 무효로 합니다.
② 제1항에 따라 무효로 된 부분은 근로기준법에서 정한 기준에 따릅니다.

미성년자의 근로계약체결 방법

미성년자는 스스로가 친권자나 후견인의 동의를 얻어 근로계약을 체결하여야 하며 친권자 등의 대리행위는 인정되지 않습니다. 미성년자의 근로계약 해제권자는 미성년자 자신이 되나 근로기준법은 미성년자의 판단능력을 감안하여 근로계약이 미성년자에게 불리하다고 인정하는 경우에는 친권자, 후견인, 노동부장관에게 그 해지권을 인정하고 있습니다. (근로기준법 제67조)

다만, 15세미만인 자는 근로계약을 체결할 수 없으나 노동부장관의 인허증을 받은 경우에는 취업할 수 있습니다.

근로기준법을 위반한 근로계약(제15조)

① 근로기준법에서 정하는 기준에 미치지 못하는 근로조건을 정한 근로계약은 그 부분에 한하여 무효로 합니다.
② 제1항에 따라 무효로 된 부분은 근로기준법에서 정한 기준에 따릅니다.

2 근로계약기간

개요

근로자가 사용자에게 노동을 제공하고 사용자는 이에 대하여 임금을 지급함을 목적으로 체결되는 근로계약이 존속하는 기간을 근로계약 기간이라고 합니다. 「근로기준법」에서는 근로계약 기간에 대해 별도의 규정을 두지 있지 않습니다.

다만, 「기간제 및 단시간근로자 보호 등에 관한 법률」은 당사자가 근로계약기간을 어떻게 정하든 간에 계속근로기간이 2년을 초과하면 그 계약을 '기간의 정함이 없는 근로계약'으로 봅니다.

계약기간을 정하지 않은 근로계약(정규직)

[1] 정규직 근로자의 근로계약
근로계약기간을 근로자와 사용자 사이에 약정하지 않은 경우를 말하는데, 이 경우 근로자는 언제든지 근로계약을 해지할 수 있으나 사용자는 근로기준법 제30조에 의거 정당한 이유없이 근로계약을 해지할 수 없습니다. 따라서 통상 기간을 정하지 않은 근로계약은 정년제 근로계약으로 해당합니다.

[2] 계약의 효력
사용자는 근로기준법 제23조에 의하여 정당한 이유없이 근로자를 해고하지 못하며, 따라서 사용자의 근로계약 해지권은 제한됩니다.

[3] 계약의 해지

근로자에게는 언제든지 근로관계를 종료시킬 수 있는 계약해지권이 있으며, 사용자가 사표를 수리하지 않거나 수리를 지연할 경우 민법에 의거 사표를 제출한 날부터 1월이 경과하면 근로계약 해지의 효력이 발생하고, 기간으로 보수를 정한 때에는 민법에 의하여 계약해지 통고를 한 후 당기후의 1기를 경과함으로써 해지의 효력이 생깁니다. (민법 제660조)

▶ 연봉제와 근로계약기간

연봉제는 임금결정 및 지급형태이며 근로계약기간을 정한 것은 아니기 때문에 따로 근로계약 기간을 정하지 아니하는 경우 근로계약은 계속됩니다.

ⓐ 기간의 정함이 있는 근로계약(계약직)

근로계약 기간을 정하는 근로 계약으로서 계약직이라고 합니다. 근로계약기간을 정한 경우에 있어 당사자 사이의 근로관계는 특별한 사정이 없는 한 그 기간이 만료함에 따라 사용자의 해고 등 별도의 조처를 기다릴 것 없이 당연히 종료됩니다. 한편, 대법원은 노동자는 1년이 지난 후에 언제든지 근로계약을 해지할 수 있는 퇴직의 자유가 보장된다고 판시하였습니다. (1996.8.29, 대법 95다 5783)

ⓑ 일정한 사업완료에 필요한 기간을 정한 근로계약

일정한 사업완료에 필요한 기간을 정하여 근로계약을 체결할 수 있습니다. 이 경우 사업이 완료되면 해고예고 등 별도의 조치없이 자동적으로 근로관계가 종료됩니다. 다만, 그 기간 중에 행한 사용자의 일방적 계약해지는 근로기준법의 부당해고가 됩니다.

근로계약의 반복갱신

[1] 근로계약의 반복갱신의 의미
① 묵시의 계약 갱신 : 근로계약기간 만료 후에 노무를 계속 제공하고 사용자가 상당기간 이의를 제기하지 않으면 근로계약이 동일조건으로 갱신된 것입니다. (2000.12.21, 서울고법 2000누8846)
② 합의에 의한 갱신 : 1년 이하의 근로계약기간이 종료되는 경우, 연장계약을 새로이 체결하거나, 미리 자동갱신계약을 체결해 놓은 경우에는 그 계약은 유효합니다.

[2] 계약기간 반복갱신의 효과
단기의 근로계약이 장기간에 걸쳐서 반복하여 갱신됨으로써 그 정한 기간이 단지 형식에 불과하게 된 예외적인 경우에 한하여 비록 기간을 정하여 채용된 근로자일지라도 사실상 기간의 정함이 없는 근로자와 다를 바가 없게 됩니다.(대판 1998.1.23, 97다 42489)

[3] 계약기간 갱신의 거절
1년 초과계약기간 금지는 근로자에게 근로조건을 1년마다 재검토할 수 있는 기회를 보장함으로써 장기근로계약으로 인한 피해를 방지하려는데 그 근본취지가 있는 것이므로 계약기간 갱신에 있어서 사용자는 사업의 만료 등 정당한 이유가 있어야 갱신거절이 가능하고 근로자는 언제나 갱신거절이 가능합니다.

③ 채용내정, 시용기간, 수습기간

ⓐ 채용내정

[1] 개요

채용내정이란 회사가 정한 전형절차에 의해 합격이 결정되어 정식으로 입사하기 전의 상태를 말합니다. 회사가 필요로 하는 노동력을 미리 확보하기 위해 학교졸업예정자에 대하여 일정한 기간이 경과한 후 `졸업`이라는 일정한 요건이 충족되면 채용할 것을 약정하는 것과 같은 불확정적인 고용계약입니다.

[2] 채용내정과 임금청구권

채용내정은 정식 입사하기 전의 상태로서 노무제공이 이루어지고 있지 않는 상태이기 때문에 임금을 지급할 의무가 있는 것은 아닙니다. 그러나 채용내정에서 해제조건으로 규정한 일자가 도래한 이후에는 종업원의 지위를 취득하기 때문에 임금청구권을 가집니다.

[3] 채용내정의 취소

채용내정의 취소는 해고에 해당하고 객관적으로 합리적이라고 인정할 만한 사회통념상 상당성이 있은 경우에 한하여 정당성을 인정받을 수 있습니다.

ⓑ 시용기간

시용기간이란 본채용 또는 확정적 근로계약을 체결하기 전에, 일정기간을 설정하여 그 기간내의 근무상황 등을 고려하여 근로자의 직업적성과 업무능력 등을 판단하려는 일정한 기간을 말하며, 시용기간제도는 당사자가 근로계약에서 이를 명시적으로 약정한 경우에만 인정됩니다. 판례는 시용기간부 근로관계에 대하여 시용기간 만료시 본계약의 체결을 거부하는 것은 사용자에게 유보된 해약권의 행사로 보아 근로기준법 제30조의 정당한 이유를 보통의 해고보다 넓게 인정하고 있습니다.

▶ **시용기간과 채용내정의 차이**

확정적인 근로계약을 체결하기 전의 고용관계라는 점에서는 채용내정과 같으나 시용기간 중에는 현실적으로 사용종속관계 아래서 근로가 이루어진다는 점에서 채용내정과 차이가 있습니다.

수습기간

[1] 개요

수습기간이라 함은 근로계약 체결 후에 근로자의 직업능력이나 사업장에서의 적응능력을 키우기 위하여 직업능력 등의 양성 또는 교육을 목적으로 일정기간을 수습케 하는 것을 말합니다.

[2] 수습기간과 시용기간의 근로기준법 적용

수습 또는 시용기간 중의 근로자라 할지라도 정식근로자와 마찬가지로 수습 또는 시용기간을 근속연수에 포함하는 등 법상의 근로조건에 관한 규정이 그대로 적용됩니다. 다만, 3개월 이내의 수습 또는 시용근로자는 근로기준법상 해고예고 관련규정(1개월 전에 해고예고를 하는 것)이 적용되지 않으며, 동 기간 중의 임금은 근로계약이나 취업규칙에 의해 최저임금의 90%를 적용할 수 있습니다.

수습 또는 시용기간 중에도 연장근로수당, 야간근로수당, 휴일근로수당, 생리휴가, 산재보험 등의 제반 근로조건은 정식근로자와 동일하게 적용이 됩니다.

▶ 시용기간과 수습기간의 차이

수습기간은 **정식채용 후**에 근로자의 직무교육을 목적으로 하는 것이므로 시용기간과는 구별됩니다. 따라서 수습기간 중의 근로관계에는 근로기준법 제30조의 해고의 제한이 적용됩니다.

▣ 인턴사원

정식 직원이 아닌, 일정기간 일을 시켜보고 그 사람의 업무능력을 평가하여 채용 여부를 결정하는 방식으로서 근로기준법상 1년 미만의 기간을 정한 계약직 근로자에 해당합니다. 단, '인턴'이라는 표현은 근로기준법 등에서 따로 정해진 용어는 아닙니다.

4 근로계약서 작성 및 근로조건 명시

개요

사용자는 근로계약을 체결할 때에는 근로자에게 임금, 소정근로시간, 휴일, 연차유급휴가, 그 밖에 근로조건을 명시하여야 합니다. 이 경우 임금의 구성항목, 계산방법 및 지불방법, 소정근로시간, 휴일, 연차유급휴가에 관한 사항에 대하여는 서면으로 명시하여야 합니다. (근로기준법 제17조, 시행령 제8조) 이는 사용자가 근로자를 모집할 때 유리한 조건을 제시하고 실제로는 불리한 조건으로 근로를 시키는 폐단을 방지하기 위하여 근로기준법에서는 근로조건 명시에 대한 의무규정을 두고 있는 것입니다.

근로조건 명시

[1] 근로계약시 명시할 내용

근로조건의 명시	비 고
1. 임금	
2. 소정근로시간	
3. 휴일	
4. 연차유급휴가	
5. 취업장소와 종사업무	
6. 취업규칙의 필요적 기재사항	
7. 기숙사규칙에 관한 사항	사업자의 부속기숙사에 근로자를 기숙하게 하는 경우

▶ 근로계약시 서면으로 근로자에게 교부하여야 하는 내용

임금의 구성항목·계산방법·지급방법 및 소정근로시간, 휴일, 연차유급휴가등에 관한 내용은 근로자에게 서면으로 하여야 합니다. 다만, 단체협약 또는 취업규칙 등이 변경되는 경우 근로자 요구가 있으면 그 근로자에게 교부하여야 합니다.

[2] 근로조건 명시 방법

근로조건의 명시는 구두로 하여도 무방하지만, 서면으로 하는 것이 분쟁을 줄일 수 있습니다. 일반적으로 미리 작성되어 있는 취업규칙을 제시하고 특별한 사항에 대하여는 계약서에 명시하는 방법을 택합니다. 근로조건 중 임금, 소정근로시간, 휴일, 연차유급휴가에 관한 사항은 중요사항이므로 서면으로 명시하여야 합니다.

[3] 근로조건 명시의 효과

근로계약 체결시에 근로조건을 명시한 경우 그 내용대로 근로계약은 성립되며, 근로자가 실제로 그 내용을 몰랐더라도 근로계약의 무효를 주장할 수 없습니다.

◎ 근로조건 명시의무 위반과 구제

[1] 근로조건 위반

근로조건위반이란 근로계약의 체결시에 사용자가 명시한 근로조건이 사실과 다른 경우를 의미하는 것이므로, 사용자가 처음에 제시한 근로조건과 다른 경우를 말합니다. 어느 정도 근로관계가 계속된 이후 근로기준법이나 단체협약 또는 취업규칙에 정해진 근로조건을 사용자가 어기는 것은 채무불이행이 됩니다.

[2] 근로조건이 명시되지 아니한 경우 법률 효력

근로조건이 명시되지 아니하더라도 당해 근로자의 근로조건은 현실적으로는 단체협약 또는 취업규칙의 정하는 바에 의하여 정해지는 것이므로 근로계약 자체는 유효하게 성립됩니다.

[3] 의무위반시 구제

① 명시된 근로조건이 사실과 다를 경우에 근로자는 근로조건 위반을 이유로 손해의 배상을 청구할 수 있으며 즉시 근로계약을 해제할 수 있습니다.
② 제1항에 따라 근로자가 손해배상을 청구할 경우에는 노동위원회에 신청할 수 있으며, 근로계약이 해제되었을 경우에는 사용자는 취업을 목적으로 거주를 변경하는 근로자에게 귀향 여비를 지급하여야 합니다.

□ 근로기준법 제17조(근로조건의 명시) ① 사용자는 근로계약을 체결할 때에 근로자에게 다음 각 호의 사항을 명시하여야 한다. 근로계약 체결 후 다음 각 호의 사항을 변경하는 경우에도 또한 같다.
1. 임금
2. 소정근로시간
3. 제55조에 따른 휴일
4. 제60조에 따른 연차 유급휴가
5. 그 밖에 대통령령으로 정하는 근로조건

[근로계약서 서식] 고용노동부 홈페이지 → 정보공개 → 기타정보 → 자주찾는 자료실 '근로계약서' 검색

표준 근로계약서

_____(이하 "사업주"라 함)과(와) _____(이하 "근로자"라 함)은 다음과 같이 근로계약을 체결합니다.

1. 근로계약기간 :   년   월   일부터   년   월   일까지
   ※ 근로계약기간을 정하지 않는 경우에는 "근로개시일"만 기재
2. 근 무 장 소 :
3. 업무의 내용 :
4. 소정근로시간 : ___시___분부터 ___시___분까지
   (휴게시간 : 시 분~ 시 분)
5. 근무일/휴일 : 매주 __일(또는 매일단위)근무, 주휴일 매주 __요일
6. 임 금
   - 월(일, 시간)급 : _____원
   - 상여금 : 있음 (   ) _____원, 없음 (   )
   - 기타급여(제수당 등) : 있음 (   ), 없음 (   )
     _____원, _____원
   - 임금지급일 : 매월(매주 또는 매일) _____일(휴일의 경우는 전일 지급)
   - 지급방법 : 근로자에게 직접지급(   ), 근로자 명의 예금통장에 입금(   )
7. 연차유급휴가
   - 연차유급휴가는 근로기준법에서 정하는 바에 따라 부여함
8. 근로계약서 교부
   - 사업주는 근로계약을 체결함과 동시에 본 계약서를 사본하여 근로자의 교부요구와 관계없이 근로자에게 교부함(근로기준법 제17조 이행)
9. 기 타
   - 이 계약에 정함이 없는 사항은 근로기준법령에 의함

                    년   월   일

(사업주) 사업체명 :   (전화 :   )
        주   소 :
        대 표 자 :   (서명)
(근로자) 주   소 :
        성   명 :   (서명)

5 근로계약 체결시 사용자 금지사항 등

■ 강제 근로, 중간착취의 배제 등

[1] 강제 근로의 금지(제7조)
사용자는 폭행, 협박, 감금, 그 밖에 정신상 또는 신체상의 자유를 부당하게 구속하는 수단으로써 근로자의 자유의사에 어긋나는 근로를 강요하지 못합니다.

[2] 폭행의 금지(제8조)
사용자는 사고의 발생이나 그 밖의 어떠한 이유로도 근로자에게 폭행을 하지 못합니다.

[3] 중간착취의 배제(제9조)
누구든지 법률에 따르지 아니하고는 영리로 다른 사람의 취업에 개입하거나 중간인으로서 이익을 취득하지 못합니다.

[4] 취업 방해의 금지(제40조)
누구든지 근로자의 취업을 방해할 목적으로 비밀 기호 또는 명부를 작성·사용하거나 통신을 하여서는 아니 됩니다.

[5] 사용 금지(제65조)
① 사용자는 임신 중이거나 산후 1년이 지나지 아니한 여성(이하 "임산부"라 합니다)과 18세 미만자를 도덕상 또는 보건상 유해·위험한 사업에 사용하지 못합니다.

② 사용자는 임산부가 아닌 18세 이상의 여성을 제1항에 따른 보건상 유해·위험한 사업 중 임신 또는 출산에 관한 기능에 유해·위험한 사업에 사용하지 못합니다.
③ 제1항 및 제2항에 따른 금지 직종은 대통령령[근로기준법 시행령 [별표4] 으로 정합니다.

임금 등 금전과 관련한 금지 사항

[1] 위약금(손해배상금)예정 금지

사용자는 근로계약 불이행에 대한 위약금 또는 손해배상액을 예정하는 계약을 체결하지 못합니다.(근로기준법 제20조) 근로자가 근무 도중에 사용자에게 피해를 입힐 것을 대비하여 실제 발생된 손해액과 관계없이 일정액을 미리 정하여 근로자에게 배상케 하는 근로계약을 체결하거나 동 배상액을 사용자가 일방적으로 임금 또는 퇴직금과 상계하는 것을 금지하고 있으며, 이는 근로자가 자유의사에 반하는 강제근로를 하는 것을 방지할 목적으로 한 규정입니다.

▶ **위약금의 예정**

위약금은 채무불이행의 경우 채무자가 채권자에게 일정액을 지불할 것을 미리 약정하는 금액으로서 부당한 근로계약을 근로자가 해지할 수 없기 때문에 금지됩니다.

[2] 손해배상액의 예정

손해배상액의 예정은 채무불이행의 경우에 채무자가 지급해야 할 것을 손해배상의 액을 실제 손해와 관계없이 당사자 사이에서 미리 계약으로 정하는 것을 말합니다. 따라서 근로자의 불법행위 등으로 사용자에게 손해를 발생시킨 경우 실손해액의 일부를 청구할 수 있도록 노·사가 합의하여 단체협약에 정한 것은 위약예정의 금지에 위반되지 않습니다. (1993.06.04, 근기 01254-1160)

[3] 신원보증계약과 위약예정금지

① 신원보증계약은 근로자가 근무중에 고의, 과실 또는 의무불이행으로 인하여 사용자에게 손해를 발생케 할 경우에 대비하여 사용자가 신원보증인과 단독으로 또는 신원보증인과 근로자를 연대채무자로 하여 체결하는 계약입니다

② 신원보증계약은 위약예정금지 위반이 아닙니다. 근로기준법 제20조의 위약예정금지는 사용자가 근로자와의 사이에서 근로계약 불이행에 대한 위약금 또는 손해배상액을 예정하는 계약을 체결하는 것을 금지하는데 그치므로 근로자에 대한 신원보증계약 자체를 금지시키는 것은 아닙니다.(1985.12.24, 대법 84다카 1221)

[4] 전차금 등 상쇄의 금지

① 사용자는 전차금 기타 근로할 것을 조건으로 하는 전대채권과 임금을 상쇄하지 못합니다.(근로기준법 제21조) 전차금이라 함은 취업한 후에 임금에서 변제할 것을 예정하여 근로계약체결 시에 사용자가 근로자 또는 채권자에게 대부하는 금전을 말합니다. `근로할 것을 조건으로 하는 전대채권`이란 전차금 이외에 전차금에 추가해서 근로자 또는 그 친권자 등에게 지급되는 금전으로서 전차금과 동일한 목적을 가지는 것입니다.

② 전차금 등은 근로자를 사용자에게 신분적으로 장기간 구속하게 하여 근로자에게 사실상 강제근로를 강요하는 폐단을 발생시킬 수가 있으며 근로자에게 불리한 근로조건을 감수케 하는 수단으로 이용될

수 있기에, 근로기준법은 사용자는 근로자가 앞으로 받을 임금에서 갚을 것을 조건으로 사용자로부터 빌린 돈(전차금)이 있더라도, 이것을 임금에서 제한다는 계약을 체결할 수 없도록 규정하고 있습니다.

[5] 강제저축의 금지

① 사용자는 근로계약에 부수하여 강제저축 또는 저축금의 관리를 규정하는 계약을 체결하지 못합니다. 근로자의 위탁으로 저축을 관리하는 경우에도 법규정의 일정사항을 준수하여야 합니다.(근로기준법 제22조) 강제저축이란 근로자의 임금 중 일부를 근로자의 의사에 반하여 저축하도록 강요하는 것이고, 저축금의 관리란 사용자 스스로가 근로자의 저축금을 관리하거나 은행 기타 금융기관에 예금시키고 그 통장과 인감을 사용자가 보관하는 경우를 말합니다.

② 사용자가 근로자로 하여금 그의 임금의 일정액을 사업장 또는 사용자가 지시하는 은행에 강제로 저금케 하고 그 반환을 어렵게 하는 경우 근로자를 사업장에 구속시키는 결과를 가져옵니다. 또한 사용자가 저축금을 사업자금에 유용하고 사업경영이 악화될 경우에는 그 반환이 어렵게 될 우려가 있기 때문에 근로기준법은 사용자로 하여금 근로계약에 부수하여 강제저축 또는 저축금의 관리를 규정하는 계약을 체결하지 못하도록 하고 있는 것입니다.

6 직원 채용시 처리하여야 할 업무 등

채용 관련 구비서류

통상 아래의 서류를 구비하여 두어야 하나 업체 실정에 따라 제외하거나 추가 서류제출을 요구할 수 있습니다.

① 이력서 및 자기소개서
② 서약서 또는 각서
③ 경력증명서 및 자격증 사본
④ 신원보증서 또는 재정보증서
⑤ 인사기록카드
⑥ 최종학교 졸업증명서 1통
⑦ 서약서, 확인서
⑧ 통장사본 : 급여 지급 등에 사용할 목적으로 받아 둠
⑨ 주민등록등본 또는 가족관계증명서 : 건강보험 피보험자 확인 및 근로소득과 관련한 부양가족 확인
⑩ 전근무지 근로소득원천징수영수증 : 입사 당해 연도에 전 근무지 근로소득이있는 경우 합산하여 연말정산을 하여야 하므로 전근무지 근로소득원천징수영수증을 받아 두어야 합니다.

급여 지급과 관련한 업무

① 급여대장 등재
② 소득자별근로소득원천징수부 작성
③ 공제대상 부양가족 파악

🔍 4대보험 자격 취득신고

신규입사자가 있는 경우 사용자는 입사일로부터 14일 이내에 자격취득신고서를 작성하여 국민연금관리공단, 건강보험공단, 근로복지공단 중 1곳에만 신고서를 제출하면 됩니다.

자격취득신고서 작성시 보수월액, 소득월액, 월평균보수란에는 급여로 지급하기로 한 금액 중 소득세법상 비과세소득을 제외한 과세대상 소득을 기재하시면 됩니다.

- 보수월액 : 건강보험법에 의한 보험료 부과기준이 되는 급여의 명칭
- 소득월액 : 국민연금법에 의한 보험료 부과기준이 되는 급여의 명칭
- 월평균보수 : 고용연금법에 의한 보험료 부과기준이 되는 급여 명칭

▶ 입사 월의 국민연금 납부

가입자가 자격을 취득한 날이 그 속하는 달의 **초일**인 경우에는 반드시 국민연금보험료를 납부하여야 합니다. 다만, 2일 이후에 입사한 경우에는 가입자가 희망하거나 임의계속가입자의 자격을 취득한 경우에 한하여 입사 월의 보험료를 납부합니다.

▶ 입사 월의 건강보험료 납부

원칙적으로 건강보험료 부과시점은 매월 1일이 기준일이므로 예를 들어 7월 1일 입사한 경우 그달부터 공제를 하여야 하는 것이나 2일에 입사한 경우에는 입사 월의 보험료는 공제하지 않습니다.

▶ 입사 월의 고용보험료 납부

과세대상급여에 고용보험료율을 곱하여 공제를 하시면 됩니다.

퇴직연금가입자의 채용과 퇴직급여 통산

다른 사업장에서 퇴직연금에 가입하였던 직원을 채용하는 경우 당해 사업장이 확정급여형퇴직연금 또는 확정기여형퇴직연금에 따라 합산 가능 여부를 판단하여야 하며, 그 내용은 아래와 같습니다.

계약 이전 가능	계약 이전 불가능
확정급여형 → 확정급여형	확정급여형 → 퇴직금
확정급여형 → 확정기여형	확정기여형 → 퇴직금
확정기여형 → 확정기여형	확정기여형 → 확정급여형

질문	직장을 옮기는 경우 퇴직연금을 계속 불입하는 방법이 있나?
답변	현행 퇴직금 제도에서는 근로자가 퇴사할 경우 14일 이내에 퇴직 일시금을 근로자에게 지급하도록 하고 있습니다. 따라서 이직이 잦은 근로자나 일정 기간 실직을 한 근로자의 입장에서는 퇴직금 재원이 노후 생활 자금으로 활용되지 못하고 중간에 생활 자금 등으로 소진되고 있습니다. 개인퇴직연금제도(IRP)는 이러한 근로자의 직장 이동 시에도 퇴직급여 재원이 계속 적립되어 노후 소득 보장 기능을 할 수 있도록 통산 기능을 하는 역할을 합니다.

SECTION 02

근로기준법의 임금 휴가, 연차, 법정수당

근로자를 고용하고 있는 사업주는 임금, 근로시간, 휴가, 해고 등에 대하여 근로기준법을 준수하여야 하며, 근로자퇴직급여보장법에 의하여 1년 이상 계속 근로한 근로자에게 퇴직금을 지급하거나 퇴직연금을 불입하여야 합니다. 또한 4대보험에 가입을 하여야 합니다.

1 근로계약 및 임금

Q 근로계약 체결

① 사용자는 근로자 채용시 근로계약을 체결하여야 하며, **근로계약은 기간을 정하지 아니한 것**과 일정한 사업의 완료에 필요한 기간을 정한 것 외에는 그 기간은 1년을 초과하지 못합니다.

② 사용자는 근로계약을 체결할 때에 근로자에게 다음 각 호의 사항을 명시하여야 하며, 근로계약 체결 후 다음 각 호의 사항을 변경하는 경우에도 또한 같습니다.

1. 임금
2. 소정근로시간
3. 휴일
4. 연차 유급휴가
5. 취업의 장소와 종사하여야 할 업무에 관한 사항

임금 지급 및 임금대장 작성

① 근로제공의 대가로 지급하는 금액을 급여, 급료, 봉급, 보수, 임금 등으로 명칭하며, 실무상 구분은 다음과 같습니다. 다만, 근로기준법에서는 별도의 구분없이 임금이라고 합니다. 따라서 이후 근로기준법과 관련한 내용은 임금으로 통칭합니다.

명 칭	구 분
급 여	관리직 근로자에 대한 임금
임 금	생산직 근로자에 대한 임금, 근로기준법
보 수	건강보험, 국민연금, 고용보험료의 산정기준이 되는 임금
잡 급	일용직근로자에 대한 임금

② 계약자유의 원칙에 의하여 사용자와 근로자간의 계약에 의하여 임금은 자유롭게 책정할 수 있습니다. 다만, 최저임금법에서 정하는 최저임금 이상의 금액으로 근로계약을 체결하여야 합니다.

③ 임금은 매월 1회 이상 일정한 날짜를 정하여 지급하여야 합니다. 다만, 임시로 지급하는 임금, 수당, 그 밖에 이에 준하는 것에 대하여는 그러하지 아니합니다.

보 충 신규입사자(정액 임금 근로자)의 입사 월 임금 계산
월 급여 × 입사일 이후 일수 ÷ 해당 월의 일수

---

④ 사용자는 임금대장을 작성하고 임금과 가족수당 계산의 기초가 되는 사항, 임금액, 다음 각 호의 사항을 근로자 개인별로 임금을 지급할 때마다 적어야 합니다.
1. 성명
2. 주민등록번호
3. 고용 연월일
4. 종사하는 업무
5. 임금 및 가족수당의 계산기초가 되는 사항
6. 근로일수
7. 근로시간수
8. 연장근로, 야간근로 또는 휴일근로를 시킨 경우에는 그 시간수
9. 기본급, 수당, 그 밖의 임금의 내역별 금액(통화 외의 것으로 지급된 임금이 있는 경우에는 그 품명 및 수량과 평가총액)
10. 임금의 일부를 공제한 경우에는 그 금액

▶ 상여금 지급과 근로기준법

① 상여금이란 사업성과 또는 명절이나 휴가 때에 지급하는 기본급 외의 수당을 말하며, 근로기준법에서는 규정한 바가 없으므로 사용자가 근로자에게 의무적으로 지급하여야 하는 것은 아닙니다.

② 상여금이 취업규칙 기타 근로계약 등에 미리 지급조건 등이 명시되어 있거나 관례로서 계속 지급하여 온 경우에는 상여금의 지급이 법적인 의무로서 구속력을 가지게 됩니다. 예를 들어 근로자 채용시 연간 상여금으로 기본급의 400%를 지급하기로 한 경우 사용자는 근로자에게 상여금을 지급하여야 합니다.

③ 관례적으로 지급한 사례가 없고, 기업의 이윤에 따라 일시적으로 지급하는 변동 상여금은 사용자의 지급의무가 강제되는 것은 아니며, 퇴직금 임금기준이 되는 평균임금에 포함하지 않습니다.

임 금 대 장

관리번호   :

성 명	생년월일	기능 및 자격	고 용 연월일	종사업무	임금계산기초사항			가족수당계산기초사항	
					기본 시간급	기본 일급	기본 월급	1인당 지급액	계산시간

구분 월별	근로일수	근로시간수	연장근로시간수	휴일근로시간수	야간근로시간수	기본급	여 러 가 지 수 당				총액	공제액	영수액	영수인
							가족수당	연장근로수당	휴일근로수당	야간근로수당				
01														
02														
03														
04														
05														
06														
07														
08														
09														
10														
11														
12														
합계														

서 식   경영정보사 홈페이지(www.ruddud.co.kr)

🇶 임금 지급시 임금명세서 교부 의무

[1] 2021.11.19.부터 사용자(5인미만 사업장 포함)는 근로자에게 임금을 지급할 때 임금명세서를 교부하여야 하며, 임금명세서에는 임금의 구성항목 및 계산방법, 법령이나 단체협약에 따른 임금의 공제 내역 등을 기재해야 합니다.

[2] 임금명세서는 서면이나 전자문서로 교부할 수 있습니다.
○ 임금명세서 교부 위반시 500만원 이하의 과태료 부과

[임금명세서 작성] 구글, 네이버 (검색어) 고용노동부 임금명세서

☐ 근로기준법
제48조(임금대장 및 임금명세서) ① 사용자는 각 사업장별로 임금대장을 작성하고 임금과 가족수당 계산의 기초가 되는 사항, 임금액, 그 밖에 대통령령으로 정하는 사항을 임금을 지급할 때마다 적어야 한다. <개정 2021. 5. 18.>

☐ 근로기준법 시행령
제27조(임금대장의 기재사항) ①사용자는 법 제48조제1항에 따른 임금대장에 다음 각 호의 사항을 근로자 개인별로 적어야 한다.
<개정 2021. 10. 14., 2021. 11. 19.>
1. 성명
2. 생년월일, 사원번호 등 근로자를 특정할 수 있는 정보
3. 고용 연월일
4. 종사하는 업무
5. 임금 및 가족수당의 계산기초가 되는 사항
6. 근로일수

7. 근로시간수
8. 연장근로, 야간근로 또는 휴일근로를 시킨 경우에는 그 시간수
9. 기본급, 수당, 그 밖의 임금의 내역별 금액(통화 외의 것으로 지급된 임금이 있는 경우에는 그 품명 및 수량과 평가총액)
10. 법 제43조제1항 단서에 따라 임금의 일부를 공제한 경우에는 그 금액

②사용기간이 30일 미만인 일용근로자에 대해서는 제1항제2호 및 제5호의 사항을 적지 않을 수 있다. <개정 2021. 10. 14.>

③다음 각 호의 어느 하나에 해당하는 근로자에 대해서는 제1항제7호 및 제8호의 사항을 적지 않을 수 있다. <개정 2021. 10. 14.>
1. 법 제11조제2항에 따른 상시 4명 이하의 근로자를 사용하는 사업 또는 사업장의 근로자
2. 법 제63조 각 호의 어느 하나에 해당하는 근로자

제27조의2(임금명세서의 기재사항) 사용자는 법 제48조제2항에 따른 임금명세서에 다음 각 호의 사항을 적어야 한다.
1. 근로자의 성명, 생년월일, 사원번호 등 근로자를 특정할 수 있는 정보
2. 임금지급일
3. 임금 총액
4. 기본급, 각종 수당, 상여금, 성과금, 그 밖의 임금의 구성항목별 금액(통화 이외의 것으로 지급된 임금이 있는 경우에는 그 품명 및 수량과 평가총액을 말한다)
5. 임금의 구성항목별 금액이 출근일수·시간 등에 따라 달라지는 경우에는 임금의 구성항목별 금액의 계산방법(연장근로, 야간근로 또는 휴일근로의 경우에는 그 시간 수를 포함한다)
6. 법 제43조제1항 단서에 따라 임금의 일부를 공제한 경우에는 임금의 공제 항목별 금액과 총액 등 공제내역 [본조신설 2021. 11. 19.]

2 근로시간

◐ 법정근로시간(근로기준법 제50조)

▶ 일주간의 근로시간(40시간)

1주간의 근로시간은 휴게시간을 제외하고 40시간을 초과할 수 없습니다.

▶ 1일의 근로시간

1일의 근로시간은 휴게시간을 제외하고 8시간을 초과할 수 없습니다. 1일이란 오전 00:00부터 오후 12:00까지를 말합니다.

▶ 휴게시간

사용자는 근로시간이 4시간인 경우에는 30분 이상, 8시간인 경우에는 1시간 이상의 휴게시간을 근로시간 도중에 주어야 합니다.

◐ 연장근로(근로기준법 제53조)

사용자와 근로자가 간에 합의를 하는 경우 1주간에 12시간을 한도로 근로기준법 제50조의 근로시간을 연장할 수 있으며, 이 경우 사용자는 연장근로에 따른 임금외에 연장근로시간에 대하여 연장근로수당(통상임금이 50%)을 추가로 지급을 하여야 합니다.

탄력적 근로시간제

개요

탄력적 근로시간제란 어떤 근로일의 근로시간을 연장시키는 대신에 다른 근로일의 근로시간을 단축시킴으로써, 일정 기간의 평균 근로시간을 기준근로시간 내로 맞추는 변형근로시간제를 의미합니다.

근로기준법 제51조에 따라 2주 단위 또는 3개월 단위의 탄력적 근로시간제를 실시할 수 있으며, 이 경우 일정한 기간(2주 이내 또는 3월 이내)을 평균하여 1일간 또는 1주간의 근로시간이 기준근로시간을 초과하지 않으면, 특정일 또는 특정주에 기준근로시간을 초과하더라도 근로시간 위반이 아님은 물론 초과시간에 대한 할증 임금을 지급하지 않아도 됩니다. 단, 탄력적 근로시간제는 연소근로자(15세 이상 18세 미만) 및 임신 중인 여성 근로자에게는 적용할 수 없습니다.

2주 단위 탄력적 근로시간제

▶ **2주간의 근로시간 합계[80시간(40시간 × 2)]**

2주 단위 탄력적 근로시간제란 2주 이내의 일정한 단위기간을 정한 후 1주 평균근로시간이 40시간을 초과하지 않는 상태에서 특정일에 8시간, 특정주에 40시간을 초과하더라도 연장근로로 보지 않는 제도를 말합니다. 이 경우 특정주의 근로시간은 **48시간**을 초과할 수 없으므로, 1주간 근로 가능한 법정최고한도는 48시간 + 연장근로최대시간 12시간(근로기준법 제53조 제2항에 따른 합의 연장근로) = 총 60시간이 됩니다.

다만, 탄력적 근로시간제의 실시에도 불구하고 연장근로 12시간에 대하여 가산임금(통상임금의 50%)은 별도로 지급하여야 합니다. 예를 들어 2주 단위의 경우 첫째 주의 근로시간이 48시간이면 둘째 주가 32시간을 초과하는 시간이 연장근로에 포함됩니다.

[사례] 2주단위 탄력적 근로시간제
1주차 32시간
2주차 48시간 → 연장근로수당 지급의무 없음
2주간 총근로시간 80시간

연장근로 12시간 → 연장근로수당 지급의무
1주 최대근로시간 60시간 : 48시간 + 연장근로 12시간

▶ **탄력적 근로시간제 취업규칙 규정**

2주 단위 탄력적 근로시간제를 실시하기 위하여는 취업규칙 또는 이에 준하는 규정으로 정하여야 합니다. 따라서 상시 10명 이상의 근로자를 사용하는 사용자는 취업규칙의 작성 및 변경을 통하여 이를 도입할 수 있습니다. 단, 취업규칙의 작성의무가 없는 상시 9명 이하의 근로자를 사용하는 사용자는 취업규칙이 없는 경우 '취업규칙에 준하는 것'으로 규정하여야 합니다. '취업규칙에 준하는 것'은 특별한 형식을 요하지는 않지만, 최소한 서면으로 작성하여 동 제도의 도입을 해당 근로자에게 주지시켜야 합니다.

3개월 단위내 탄력적 근로시간제

3월 단위 탄력적 근로시간제란 3월 이내의 일정한 단위기간을 정한 후 1주 평균근로시간이 40시간을 초과하지 않는 상태에서 특정일에

8시간, 특정주에 40시간을 초과하더라도 연장근로로 보지 않는 제도를 말합니다. 3월 단위 탄력적 근로시간제는 근로자 대표와의 서면합의에 따라 실시하여야 하며, 이 경우에도 특정한 주의 근로시간은 **52시간**, 특정한 날의 근로시간은 12시간을 초과할 수 없습니다.

따라서 1주간 근로 가능한 법정최고한도는 52시간 + 연장 12시간 = 총 64시간이 됩니다.

[사례] 3개월 단위 탄력적 근로시간제
주 근로시간 40시간 준수
특정 주 최대 52시간 근로 가능
특정 주 → 연장근로수당 지급의무 없음

◆ 연장근로시 1주 최대근로시간 64시간
52시간 + 연장근로 12시간(연장근로수당 지급의무)

▶ **3개월 단위내 탄력적 근로시간제 서면 합의**
3월 단위 탄력적 근로시간제는 근로자 대표(근로자의 과반수로 조직된 노동조합, 과반노조가 없는 경우에는 근로자 과반수를 대표하는 자)와의 서면합의에 따라 도입해야 합니다.

◆ 개별적 서면 동의만을 받는 경우에는 실시할 수 없음
3월 단의 탄력적 근로 시간제를 도입하면서 근로자 대표와의 서면합의가 아닌 근로자 과반수의 개별적 서면 동의만을 받는 경우에는 이를 실시할 수 없음을 유의해야 합니다.(근로조건 지도과-1167, 2008.4.29.)

▶ **서면합의할 내용**
① 대상근로자의 범위
② 단위기간
③ 단위 기간 근로일
④ 근로일별 근로시간
⑤ 서면합의의 유효기간

▶ **대상근로자의 범위 및 단위기간**
대상근로자의 범위는 반드시 전체 근로자일 필요는 없고, 일정 사업부문·직종 등에 따라서 그에 종사하는 일부 근로자에 한하여 적용할 수 있습니다. 단위기간은 3개월 단위, 2개월 단위, 1개월 단위, 3주 단위 등 일정한 단위기간으로 실시가 가능하며, 노사가 합의하는 서면합의 유효기간의 길이에 대해서는 특별한 제한이 없습니다.

■ **개정 근로기준법 주요 내용 (2021.1.5. 공포 → 4.6. 시행)**

[1] 탄력적 근로시간제
[단위기간] 단위기간이 3개월을 초과하고 6개월 이내인 별도의 탄력적 근로시간제도 신설

[도입·운영 요건] 근로자대표와의 서면 합의로 도입
(근로시간 사전 확정) 3개월 초과 탄력근로제 도입 시 단위기간의 근로시간은 서면 합의로 주별 근로시간을 사전에 확정하되, 근로일별 근로시간은 각 주의 개시 2주 전까지 근로자에게 통보
(근로시간 중도 변경) 서면 합의 당시 예측하지 못한 천재지변, 기계고장, 업무량 급증 등의 불가피한 사유 발생시, 근로자대표협의를 거쳐 주별 근로시간 변경이 가능하며, 이 경우 변경된 근로일별 근로시간은 근로일 개시 전에 해당 근로자에게 통보

[건강보호] 3개월 초과 탄력근로제 도입 시, 근로일 간 11시간 이상의 연속 휴식시간제 의무화
다만, 천재지변 등 대통령령으로 정하는 불가피한 경우 근로자대표와의 서면 합의가 있으면 이에 따름

[임금보전] 3개월 초과 탄력근로제 도입 시, 사용자는 임금보전 방안을 마련하여 고용노동부장관에게 신고하여야 하며, 미신고 시 과태료 부과
다만, 서면 합의에 임금보전 방안을 포함한 경우에는 신고의무 면제

[단위기간 중단시 임금산정] 탄력적 근로시간제 단위기간보다 실제 근로한 기간이 짧은 경우 단위기간 중 실제 근로한 기간을 평균하여, 1주 40시간을 초과하여 근로한 시간 전부에 대해 가산임금 지급

[2] 선택적 근로시간제
[정산기간] 신상품 또는 신기술의 연구개발 업무의 경우 현행 1개월 이내인 정산기간을 최대 3개월 이내로 확대

[건강보호) 1개월을 초과하는 정산기간을 정한 경우 근로일 간 11시간 이상의 연속휴식시간제를 의무화하되, 천재지변 등 대통령령으로 정하는 불가피한 경우 근로자대표와의 서면 합의가 있으면 이에 따름

[임금보전] 1개월을 초과하는 정산기간을 정한 경우 매 1개월마다 평균하여 1주간 근로시간이 40시간을 초과한 시간에 대해서는 가산임금 지급

[3] 특별연장근로 인가제도
[건강보호] 근로기준법 제53조제4항에 따른 특별연장근로를 하는 근로자의 건강 보호를 위해 사용자는 건강검진 실시 또는 휴식시간 부여 등 고용노동부 장관이 정하는 적절한 조치를 하여야 함

[4] 부칙 : 시행시기 및 준비행위
[시행시기] 탄력적 근로시간제 및 선택적 근로시간제는 주 최대 52시간제 시행 시기에 맞춰 단계적 적용
○ 50인 이상 및 국가·지자체 등 : 공포 후 3개월
○ 5~50인 미만: '21.7.1
- 특별연장근로 인가제도 건강보호 조치 의무는 공포 후 3개월이 경과된 날부터 시행

♣ [상세 내용] 고용노동부 홈페이지 → 정책자료 → 정책자료실
(제목) 근로기준법상 근로시간 규정 주요 내용 (등록일) 2021.03.23

□ 근로기준법 제51조(3개월 이내의 탄력적 근로시간제)
① 사용자는 취업규칙(취업규칙에 준하는 것을 포함한다)에서 정하는 바에 따라 2주 이내의 일정한 단위기간을 평균하여 1주 간의 근로시간이 제50조제1항의 근로시간을 초과하지 아니하는 범위에서 특정한 주에 제50조제1항의 근로시간을, 특정한 날에 제50조제2항의 근로시간을 초과하여 근로하게 할 수 있다. 다만, 특정한 주의 근로시간은 48시간을 초과할 수 없다.

② 사용자는 근로자대표와의 서면 합의에 따라 다음 각 호의 사항을 정하면 3개월 이내의 단위기간을 평균하여 1주 간의 근로시간이 제50조제1항의 근로시간을 초과하지 아니하는 범위에서 특정한 주에 제50조제1항의 근로시간을, 특정한 날에 제50조제2항의 근로시간을 초과하여 근로하게 할 수 있다. 다만, 특정한 주의 근로시간은 52시간을, 특정한 날의 근로시간은 12시간을 초과할 수 없다.
1. 대상 근로자의 범위
2. 단위기간(3개월 이내의 일정한 기간으로 정하여야 한다)
3. 단위기간의 근로일과 그 근로일별 근로시간
4. 그 밖에 대통령령으로 정하는 사항

③ 제1항과 제2항은 15세 이상 18세 미만의 근로자와 임신 중인 여성 근로자에 대하여는 적용하지 아니한다.
④ 사용자는 제1항 및 제2항에 따라 근로자를 근로시킬 경우에는 기존의 임금 수준이 낮아지지 아니하도록 임금보전방안(賃金補塡方案)을 강구하여야 한다.
[제목개정 2021. 1. 5.]

주52시간 근로제도

개요

개정 전 근로기준법에서도 하루 근로시간을 8시간씩 40시간으로 정하되, 연장근로를 한 주에 12시간씩 하도록 허용하고 있습니다. 따라서 명목상으로는 '주 52시간 근무'를 규정하고 있는 것입니다. 다만, 고용노동부는 행정해석을 통해 휴일을 '근로일'에서 제외함으로서 토요일 및 일요일 각각 8시간씩 총 16시간의 초과근무가 가능하여 사실상 최장 허용 근로시간은 주 68시간이었습니다.

개정 근로기준법에서는 **"1주"란 휴일을 포함한 7일을 말한다.**"라고 규정함으로서 토요일 및 일요일을 포함한 주 7일을 모두 '근로일'로 정의하여 주 근로시간의 허용치를 52시간으로 정하였습니다.

□ (개정) 근로기준법
제2조(정의) ① 이 법에서 사용하는 용어의 뜻은 다음과 같다. <개정 2018.3.20.>
7. "1주"란 휴일을 포함한 7일을 말한다.

▣ 주52시간 근로제 경과조치

개정 근로기준법으로 인한 중소기업의 충격(최대근로시간 주 68시간 → 주52시간)을 완화하기 위해 기업 규모별로 적용 시기를 차등 적용하기로 하였으며, 그 시행시기는 다음과 같습니다.

- 300명 이상 기업 : 2018년 7월 1일 이후 시행
- 50명 ~299명 기업 : 2020년 1월 1일 이후 시행
- **5명 ~ 49명 기업 : 2021년 7월 1일 이후 시행**

▶ 30인 미만 기업의 근로시간 예외

30인 미만의 기업의 경우 2021년 7월 1일 이후 주52시간 근로제를 시행하되, **2021년 7월 1일 이후 2024년 12월 31일까지는** 특별연장 근로시간 8시간이 추가로 허용됩니다.

▣ 주52시간제의 휴일근로수당

고용노동부의 행정해석에 따라 8시간 이하의 휴일근로에 대하여는 근로시간에 대한 임금과 휴일근로에 따른 주휴수당 50%를 지급하여야 하며, 휴일에 8시간 이상 근로를 하는 경우에 한하여 연장근로수당 50%를 추가로 지급하여야 합니다. 이는 '연장근로시간에는 휴일근로시간이 포함되지 않는다.'라고 규정하여 연장근로와 휴일근로를 별개로 보고 있기 때문입니다.

따라서 근로자가 1주일 중 근무일에 40시간을 근무한 뒤 휴일에 근로(8시간 이내)를 하는 경우 휴일근로에 따른 임금 및 휴일근로가산수당 50%만 추가로 지급을 받을 수 있는 것입니다.

▶ 주12시간 초과 연장근로를 할 수 있는 업종

1주간의 연장근로시간 최대허용시간은 12시간이나 업무 특성으로 인하여 12시간을 초과하는 근로가 불가피한 업종의 경우 근로기준법 제59조에서 예외 규정을 두고 있으며, 이러한 업종은 근로일 종료 후 다음 근로일 개시 전까지 근로자에게 연속하여 11시간 이상의 휴식 시간을 주어야 합니다.

개정 근로기준법에서는 이러한 특수업종의 범위를 대폭 축소하였으며, 시행일은 2018년 9월 1일부터입니다.

■ 연장근로 특례 대상 업종

연장근로 특례 대상 업종(현행)	개정
보관·창고업, 자동차 부품판매업, 도매 및 상품중개업, 소매업, 금융업, 보험 및 연금업, 금융 및 보험 관련 서비스업, 우편업, 교육서비스업, 연구개발업, 시장조사 및 여론조사업, 광고업, 숙박업, 음식점 및 주점업, 건물·산업설비 청소 및 방제서비스업, 미용·욕탕업 및 유사서비스업, 육상운송 및 파이프라인 운송업, 수상운송업, 항공운수업, 기타 운송 관련 서비스업, 영상·오디오 기록물 제작 및 배급업, 방송업, 전기통신업, 보건업, 하수·폐수 및 분뇨처리업, 사회복지서비스업	육상운송업(운송업의 하위업종인 노선버스업은 특례업종에서 제외) 수상운송업 항공운송업 기타운송서비스업 보건업

<시행시기> 2018년 9월 1일 이후

③ 휴일 및 휴가

ⓠ 법정휴일 및 법정외 휴일

▷ 법정휴일

① 근로기준법에 규정한 주 1일의 휴일
② 근로자의 날(매 년 5월 1일)

▶ 법정공휴일

그동안 근로기준법 상의 공휴일은 일주일(7일) 중 주휴일(통상 토요일 및 일요일) 및 근로자의 날로 법정공휴일(명절, 광복절, 삼일절 등 달력의 빨간 날)은 근로기준법상의 휴일이 아니었습니다. (기업이 법정공휴일을 연차 등으로 대체하지 아니하고, 휴일로 한 것은 관행 또는 사용자의 재량에 의한 것임)

그러나 2020년 1월 1일부터는 민간기업에도 공무원과 같이 동일하게 법정공휴일을 **유급 휴일**로 부여[법정 공휴일이 무급 휴일(통상 일요일)과 중복되는 경우에는 무급휴일로 함]하여야 하며, 법정공휴일을 연차로 대체하는 것은 불법행위가 됩니다. 다만, 부칙에서 기업 규모별로 시행시기를 다음과 같이 정하고 있습니다.

<시행시기>
○ 300인 이상 기업 : 2020년 1월 1일
○ 30~300인 미만 기업 : 2021년 1월 1일
○ 5~30인 미만 기업 : 2022년 1월 1일

▶ 법정외 휴일(임의휴일)

법정휴일 외에 노사간 합의에 의하여 휴무하는 날로 법정외 휴일의 경우 유급휴일로 할 것인지 무급휴일로 할 것인지는 노사간의 합의에 따라 취업규칙 등에서 정할 수 있습니다. 따라서 명절, 국경일, 여름휴가일 등은 법정공휴일이 아니므로 취업규칙에 이와 같은 임의휴일을 연차휴가로 대체한다. 라고 규정하여도 무방합니다.

연차 유급휴가

▶ 신규입사자 유급휴가 일수 및 연차수당 지급의무

▶ 입사 1년차의 유급휴가 사용기간 및 미사용수당 지급

사용자는 계속하여 근로한 기간이 1년 미만인 근로자 또는 1년간 80퍼센트 미만 출근한 근로자에게 **1개월 개근 시** 1일의 유급휴가를 주어야 하며, 1년이내의 근무기간에 대하여는 매월 1일씩 발생한 유급휴가는 각 발생월로부터 1년간 사용 가능합니다.

단, 연차유급휴가는 사용자의 귀책사유로 사용하지 못한 경우를 제외하고 1년간 행사하지 아니하면 소멸하게 됩니다..

한편, 사용차가 연차사용촉진을 하지 않은 경우로서 1년이 경과하여 연차휴가를 사용할 수 있는 기간이 종료된 경우 사용자는 사용기간이 종료된 다음날에(임금지급일) 미사용수당을 지급하여야 하며, 신규입사자의 경우에도 2020.4.1. 이후 사용촉진대상이 됩니다.
(근로기준법 제60조 제2항)

> (예시) 2021.4.1.에 1일 휴가 발생 → 2022.3.31.까지 사용가능 → 미사용 시 2022.4.1.(4월 급여)에 수당 지급

◆ 다음 각 호의 어느 하나에 해당하는 기간은 출근한 것으로 봄
1. 근로자가 업무상의 부상 또는 질병으로 휴업한 기간
2. 임신 중의 여성이 제74조제1항부터 제3항까지의 규정에 따른 휴가로 휴업한 기간
3. 「남녀고용평등과 일·가정 양립 지원에 관한 법률」 제19조제1항에 따른 육아휴직으로 휴업한 기간

▶ **신규입사자의 유급휴가일수**

입사 후 1년간의 출근율이 80% 이상인 경우 2년 차에 쓸 수 있는 유급휴가일수는 1년 차에 1개월 개근 시 1일씩 발생한 유급휴가와 별도로 15일이 됨 → 입사일로부터 2년 동안 최대 26일의 연차유급휴가 부여 가능

☐ 근로기준법
제60조(연차 유급휴가) ① 사용자는 1년간 80퍼센트 이상 출근한 근로자에게 15일의 유급휴가를 주어야 한다. <개정 2012. 2. 1.>
② 사용자는 계속하여 근로한 기간이 1년 미만인 근로자 또는 1년간 80퍼센트 미만 출근한 근로자에게 1개월 개근 시 1일의 유급휴가를 주어야 한다. <개정 2012. 2. 1.>
⑦ 제1항·제2항 및 제4항에 따른 휴가는 1년간(계속하여 근로한 기간이 1년 미만인 근로자의 제2항에 따른 유급휴가는 최초 1년의 근로가 끝날 때까지의 기간을 말한다) 행사하지 아니하면 소멸된다. 다만, 사용자의 귀책사유로 사용하지 못한 경우에는 그러하지 아니하다.
<개정 2020. 3. 31.>

▶ **근로계약기간이 1년인 기간제근로자 연차휴가 및 보상**

① 판례는 근로계약기간을 1년으로 한 기간제노동자의 1년간의 출근율이 80% 이상이면 계약기간 만료 시 15일분의 연차휴가보상청구권이 발생한다는 입장입니다.
② 법 개정에 따라 1년차 때 1개월 개근시 1일씩 발생하는 유급휴가도 별도로 인정되는 만큼, 1년 기간제노동자의 계약기간이 만료되는 경우 최대 26일분의 미사용수당을 지급하여야 합니다.

▷ **연차휴가일수 가산 및 제한(최대 25일)**

① 사용자는 3년 이상 계속하여 근로한 근로자에게는 제1항에 따른 휴가에 최초 1년을 초과하는 계속 근로연수 매 2년에 대하여 1일을 가산한 유급휴가를 주어야 합니다. 이 경우 가산휴가를 포함한 **총 휴가 일수는 25일을 한도**로 합니다.

② 사용자는 위의 규정에 따른 연차휴가를 근로자가 청구한 시기에 주어야 하고, 그 기간에 대하여는 취업규칙 등에서 정하는 통상임금 또는 평균임금을 지급하여야 합니다.

사 례 연차유급일수 계산

구 분	1년	2년	3년	4년	5년	6년	7년	8년	9년	10년	11년	12년
주40시간	15	15	16	16	17	17	18	18	19	19	20	20

* 연차유급휴가 최대일수 → 주40시간 : 25일

▶ **신규입사자의 회계연도 기준 연차휴가일수**

회계연도 기준으로 연차휴가일수를 산정하는 경우로서 근로자가 연중에 입사한 경우, 다음해 1월 1일에 입사한 것으로 가정하여 그 때를 기준으로 연차휴가를 산정할 수 있습니다. 이 때 입사한 시점부터 그 해가 끝나는 시점까지는 일할로 연차일수를 계산하여야 합니다. 예를 들어 근로자가 2022년 5월 10일에 입사한 경우 2022년 12월 31일까지의 연차휴가일수를 일수로 계산하고, 2023년 1월 1일을 입사 기준일로 가정하여 근로기준법에 의하여 부여하되, 입사연도의 휴가일수는 회계연도 기준에 의한 연차일수(10일)를 보장하여야 합니다.

◼ 신규입사자의 2025년 1년 미만 근로에 대한 연차 발생일수 : 7일

▶ 회계연도 기준에 의한 연차일수 (입사일 2024.5.1.)
2024.5.1. ~ 2024.12.31.
- 1개월 근로 이후 매월 1개 연차발생 [7개]
2025.1.1. ~ 2025.04.30.
- 1년이 되는 날까지의 월수에 대하여 매월 1개의 연차발생 [4개]
2025.5.1. ~ 2025.12.31.
- 기본 연차일수(15일) × 1년이 경과한 이후의 일수(235일)/365일 = 9.65일 → 10일(소수점 이하 올림)

한편, 회계연도 기준으로 연차를 적용하는 경우에도 1년 미만인 근로자의 1개월 개근 시 발생하는 연차휴가에 대하여 사용촉진을 하지 않은 경우 미사용연차일수에 대하여 연차수당을 지급하여야 합니다.

▣ **사용자의 연차휴가 사용 촉진의무 및 연차수당**

사용자가 연차 유급휴가의 사용을 촉진하기 위하여 **다음 각 호의 조치**를 하였음에도 불구하고 근로자가 휴가를 1년간 사용하지 아니하여 소멸된 경우에는 사용자는 **그 사용하지 아니한 휴가에 대하여 보상할 의무가 없습니다.** (근로기준법 제61조 제1항)

다만, 사용자가 근로자의 연차사용에 대하여 다음에 정하는 방법으로 사용촉진을 하지 아니하였거나, 사규 또는 취업규칙 등에서 미사용연차일수에 대하여 연차수당을 지급하기로 한 경우 미사용연차에 대하여 연차수당을 지급하여야 합니다.

1. 휴가기간(휴가발생일로부터 1년)이 끝나기 6개월 전을 기준으로 10일 이내에 사용자가 근로자별로 사용하지 아니한 휴가 일수를 알려주고, 근로자가 그 사용 시기를 정하여 사용자에게 통보하도록 서면으로 촉구할 것
2. 제1호에 따른 촉구에도 불구하고 근로자가 촉구를 받은 때부터 10일 이내에 사용하지 아니한 휴가의 전부 또는 일부의 사용 시기를 정하여 사용자에게 통보하지 아니하면 휴가기간(휴가발생일로부터 1년) 기간이 끝나기 2개월 전까지 사용자가 사용하지 아니한 휴가의 사용 시기를 정하여 근로자에게 서면으로 통보할 것

▶ 계속 근로기간 1년 미만 신규입사자의 사용촉진기간 단축

1. 최초 1년의 근로기간이 끝나기 3개월 전을 기준으로 10일 이내에 사용자가 근로자별로 사용하지 아니한 휴가 일수를 알려주고, 근로자가 그 사용 시기를 정하여 사용자에게 통보하도록 서면으로 촉구할 것. 다만, 사용자가 서면 촉구한 후 발생한 휴가에 대해서는 최초 1년의 근로기간이 끝나기 1개월 전을 기준으로 5일 이내에 촉구하여야 합니다.
2. 제1호에 따른 촉구에도 불구하고 근로자가 촉구를 받은 때부터 10일 이내에 사용하지 아니한 휴가의 전부 또는 일부의 사용 시기를 정하여 사용자에게 통보하지 아니하면 최초 1년의 근로기간이 끝나기 1개월 전까지 사용자가 사용하지 아니한 휴가의 사용 시기를 정하여 근로자에게 서면으로 통보할 것. 다만, 제1호 단서에 따라 촉구한 휴가에 대해서는 최초 1년의 근로기간이 끝나기 10일 전까지 서면으로 통보하여야 합니다. (근로기준법 제61조 제2항)

▶ 유급휴가의 대체 및 기타 휴무

① 사용자는 근로자대표와의 서면 합의에 따라 연차 유급휴가일을 갈음하여 특정한 근로일에 근로자를 휴무시킬 수 있습니다.
② 기타 병가, 경조사휴가(결혼, 회갑, 사망), 업무공로휴가, 명절휴가, 여름휴가 등은 취업규칙에서 별도로 정합니다.

▣ 퇴사자의 연차휴가 및 연차수당

▶ 1년 미만 근무자 퇴사시 미사용 연차일수 보상의무

1년 미만 근무자의 경우 매월 1개의 연차가 발생하며, 이 경우 1년이 되기 전에 퇴사하더라도 매월 1개씩 부여된 연차휴가는 이미 발생한 연차휴가가 되며, 퇴사로 인해 사용하지 못하고 남은 잔여 연차휴가가 있을 경우 이는 수당으로 지급하여야 합니다. 예를 들어 6. 1.부터 11. 30.까지 만근하고, 퇴사하는 경우 6개의 연차가 발생하며, 2개를 사용한 경우 잔여 연차일수 4개는 금전으로 보상햐야 합니다.

▶ 1년 이상 계속 근무자의 퇴사연도 연차휴가

근무기간이 1년 이상인 근로자의 경우 1년의 근로를 마쳐야만 연차휴가 산정을 위한 조건을 채우게 되는 것으로 퇴사연도의 연차휴가는 발생하지 않습니다. 단, 퇴사일 이전에 이미 발생한 연차를 사용하지 못한 경우 미사용연차일수에 통상임금을 곱한 금액을 금전으로 보상하여야 합니다.

한편, 대법원은 "1년을 초과하되 2년 이하의 기간 동안 근로를 제공한 근로자는 최초 1년 동안의 근로제공에 대해 11일의 연차휴가가 발생하고 최초 1년의 근로를 마친 다음날에 15일의 연차휴가까지 발생해 연차휴가일수는 총 26 일이 된다"하고 판시하였습니다.

4 법정수당

> 계약에 의한 임금 이외에 사용자는 근로기준법에 의하여 다음의 수당을 지급하여야 합니다.

연장근로수당

연장근로수당이란 근로자가 근로기준법에 의한 규정근무시간(통상 8시간)을 초과하여 근무하는 경우 지급하는 수당으로 연장근로란 규정근무시간 이후부터 22:00 이전까지의 근무를 말합니다. 예를 들어 시간 당 임금이 12,000원인 근로자가 4시간의 연장근로를 제공하는 경우, 연장근로시간에 대한 임금은 48,000원이고, 연장근로에 따른 연장근로가산수당 50%(24,000원)를 추가 지급하여야 합니다.

사 례 연장근로수당 계산

정상근무시간	휴게	정상근무시간	연장근무시간
3 시간	1시간	5 시간	4 시간
9:00 ~ 12:00	12~13	13:00 ~ 18:00	18:00 ~ 22:00

- 통상임금(09:00~ 18:00)　　　　92,000원(12,000원 × 8시간)
- 연장근로수당(18:00 ~ 22:00)　　48,000원(12,000원 × 4시간)
- 연장근로가산수당(18:00 ~ 22:00)　24,000원(48,000원 × 50%)

□ 근로기준법 제56조(연장·야간 및 휴일 근로)
① 사용자는 연장근로(제53조·제59조 및 제69조 단서에 따라 연장된

시간의 근로를 말한다)에 대하여는 통상임금의 100분의 50 이상을 가산하여 근로자에게 지급하여야 한다. <개정 2018. 3. 20.>
② 제1항에도 불구하고 사용자는 휴일근로에 대하여는 다음 각 호의 기준에 따른 금액 이상을 가산하여 근로자에게 지급하여야 한다.
<신설 2018. 3. 20.>
1. 8시간 이내의 휴일근로: 통상임금의 100분의 50
2. 8시간을 초과한 휴일근로: 통상임금의 100분의 100
③ 사용자는 야간근로(오후 10시부터 다음 날 오전 6시 사이의 근로를 말한다)에 대하여는 통상임금의 100분의 50 이상을 가산하여 근로자에게 지급하여야 한다. <신설 2018. 3. 20.>

▶ 시급 계산

연장·야간·휴일근로수당을 계산할 시에는 시간급을 계산하여야 하는데, 연장·야간·휴일근로수당 계산시 시간급 기준이 되는 월 임금은 근로기준법의 통상임금으로 "시급 = 월간 통상임금 ÷ 209"의 방식으로 계산합니다.

사 례	시급 계산 (주40시간 근무제 회사)

기본급 250만원, 직무수당 10만원(매 월 일정금액 지급), 차량유지비 20만원, 식대보조비 20만원인 직원의 시급 → 11,962원

시급(14,355원) = 통상임금 [기본급(250만원) + 직무수당(10만원) + 차량유지비 (20만원) + 식대보조비(20만원)] ÷ 209

- 차량유지비 및 식대 : 전직원에게 일률적으로 지급하는 금액인 경우 통상임금에 포함함

야간근로수당

야간근로란 22:00 ~ 06:00 사이의 근로를 말하며, 야간근로시에는 통상임금의 50%를 가산하여 지급하여야 합니다. 예를 들어 연장근로가 계속하여 02:00 까지 근로를 제공한 경우 연장근로에 따른 통상임금에 연장근무수당 50% 및 야간근로수당 50%를 추가 지급하여야 합니다.

- 연장근로수당(22:00~ 02:00)   40,000원(10,000원 × 4시간)
- 연장근로가산수당(22:00~ 02:00) 20,000원(40,000원 × 50%)
- 야간근로가산수당(22:00~ 02:00) 20,000원(40,000원 × 50%)

주휴수당

① 근로자가 1주 동안 소정근로일수를 근로한 경우 1일의 유급휴일을 부여하여야 하며, 1주일 중 소정근로일수가 5일(통상 월요일 ~ 금요일)인 경우 법정 유급휴일은 1일(통상 일요일)이고, 나머지 1일은 노사가 별도로 유급휴일로 정하지 않는 이상 무급휴무일이 됩니다.

소정근로일수란 1주 동안 근로자가 근로를 제공하기로 약정한 근로제공일수를 의미하며, 일반적으로 1주 소정근로일수는 월요일부터 금요일까지로 근로계약서에 명시하여야 합니다.

② 주휴수당이란 주휴일에 근로를 제공하지 않더라도 지급하여야 하는 수당을 말합니다. 즉, 근로자가 일주일 동안 규정된 근무일수를 개근하면 그 주중 하루는 일을 하지 않아도 급여를 지급하여야

한다는 뜻입니다. 주 5일 근무제 사업장의 경우에는 일주일에 5일을 근로한 경우 1일은 임금 지급 의무가 없는 무급휴일, 다른 1일은 주휴일(유급휴일)이 됩니다.

통상적으로 일요일을 주휴일(유급휴일)로 정한 기업들이 많습니다. 그러나 주휴일이 꼭 일요일일 필요는 없고 일주일 중에 한 날을 근로자와 정하면 됩니다.

▶ **주휴수당 발생요건**
1) 1주일 간 소정근로시간이 15시간 이상일 것
2) 1주일 간 소정근로일수를 개근할 것 (결근이 없어야 함)
3) 주휴수당이 발생한 주 이후에 계속 근로할 것

▶ **퇴사자의 주휴수당**
주휴수당은 근로자가 다음주에도 계속 근로를 제공할 것을 전제로 하여 지급되는 것입니다. 따라서 퇴사할 경우 마지막 주는 주휴수당이 발생하지 않으며, 퇴사일이 금요일인 경우에도 주휴수당을 지급하지 않습니다. 이는 "퇴직일은 취업규칙이나 단체협약에 특별한 정함이 없다면 근로를 제공한 다음날(예: 금요일까지 근무하고 퇴사하는 경우 토요일이 퇴사일)"이 되므로 회사는 주휴수당을 지급해야 할 의무가 없는 것입니다.

● 지각이나 조퇴는 결근이 아니므로 주휴수당을 받을 수 있습니다. 다만, 무노동 무임금의 원칙에 따라 조퇴나 지각한 시간만큼 시간급으로 계산하여 공제하는 것은 문제가 되지 않습니다.

● 법정공휴일을 해당 사업장에서 약정 휴일로 규정하고 있다면 소정근로일이 아닙니다. 이 경우 만일 주중에 법정공휴일이 끼어있다면 나머지 근로일의 개근을 기준으로 주휴수당을 지급해야 합니다.

▶ **주휴수당을 지급하지 않아도 되는 경우**

1. 주중 입사한 경우 그 주는 주휴수당이 발생하지 않습니다. 예를 들어, 소정근로일이 월~금이고 수요일에 입사를 했다면 해당 주의 주휴수당은 발생하지 않습니다.
2. 1개월의 근로시간이 60시간 미만이고, 1주의 근로시간이 15시간 미만인 초단시간 근로자는 주휴수당을 지급할 의무가 없습니다.

▶ **일용직 근로자의 주휴수당**

근로계약이 1일 단위로 체결되는 일용근로자에겐 주휴수당을 지급할 의무가 없습니다. 단, 일용근로자가 계속적 근로를 하는 경우로서 주휴수당을 임금에 포함한다는 약정이 없다면 비록 일용근로자라 해도 주휴수당을 지급해야 한다는 견해가 다수의견입니다. 한편, 일용근로자에 대해 주휴수당을 미리 임금에 포함할 수 있는지에 대해서는 1일 단위로 근로관계가 단절되어 계속고용이 보장되지 않는 순수 일용근로자의 경우에는 주휴수당을 미리 임금에 포함할 수 없을 것이나, 일정기간 사용이 예정된 경우라면 근로기간 중 사용자가 소정근로일의 근무를 전제로 지급되는 주휴수당을 미리 임금에 포함하여 지급하는 것은 가능한 만큼 사용자가 서면으로 근로계약을 통해 일급에 주휴수당을 포함하여 지급했다면 별도의 주휴수당 지급 의무는 없는 것으로 판단이 됩니다.

▶ **주중 결근한 경우 주휴수당**

주휴일은 근로기준법에서 정한바와 같이 주간 소정 근로일수를 개근한 자에 한하여 부여받을 수 있는 것이므로, 당해 주에 1일 이상 결근한 경우 유급 주휴일을 부여하지 않아도 됩니다.

| 사 례 | 휴일근로와 수당 지급 [시급 12,000원 8시간 근무] |

- 무급휴무일에 근로를 제공하는 경우
  휴일근로에 대한 임금(96,000원) + 휴일근로가산수당(48,000원)
- 유급휴무일에 근로를 제공하는 경우
  주휴수당(96,000원) + 휴일근로에 대한 임금(96,000원)
  + 휴일근로가산수당(48,000원)

▶ **주중 연차 휴가가 있는 경우 주휴수당**

연차유급휴가를 1주간 소정 근로일에 전부 사용한 경우에는 해당 주에는 근로제공의무가 면제되어 소정 근로일에 해당되지 않아 무급 주휴일에 해당되어 주휴수당 지급의무가 없습니다만, 1일 이상 출근한 경우에는 주휴수당을 지급하여야 합니다.

Q 휴일근로수당

사용자가 휴일에 근로를 제공하는 경우 휴일근로시간에 대하여는 통상임금의 100분의 50 이상을 가산하여 지급하여야 합니다.

- 휴일근로시간 : 취업규칙에 정한 공휴일 근로
- 휴일근로수당 : 휴일근로수당 + 가산수당(휴일근로수당 × 50%)

| 사 례 | 휴일근로와 수당 지급 [시급 12,000원 8시간 근무] |

- 무급휴무일에 근로를 제공하는 경우
  휴일근로에 대한 임금(96,000원) + 휴일근로가산수당(48,000원)
- 유급휴무일에 근로를 제공하는 경우
  주휴수당(96,000원) + 휴일근로에 대한 임금(96,000원) +
  휴일근로가산수당(48,000원)

▶ **연장·야간·휴일근로가 각각 중복되는 경우 가산 임금 계산**

연장·야간·휴일근로가 각각 중복되는 경우 예를 들어 휴일 근로가 8시간을 초과하여 연장근로를 하거나 오후 10시 이후 야간근로가 계속되는 경우 가산임금을 각각 계산하여 지급하여야 합니다.

■ **휴업수당**

사용자의 귀책사유로 휴업하는 경우에 사용자는 휴업기간 동안 그 근로자에게 평균임금의 100분의 70 이상의 수당을 지급하여야 합니다. 다만, 평균임금의 100분의 70에 해당하는 금액이 통상임금을 초과하는 경우에는 통상임금을 휴업수당으로 지급할 수 있습니다.

5 결근, 조퇴, 지각시 임금공제

근로자가 결근, 조퇴, 지각 등으로 근로를 제공하지 못한 시간에 대하여 사용자는 임금지급 의무가 없으며, 결근 등으로 근로하지 못한 시간에 대한 임금공제 방법은 다음과 같습니다. 아래 예시는 월급에서 결근한 일수에 해당하는 금액을 공제하는 원칙적인 방법이며, 취업규칙 등에 따로 정할 수 있습니다.

▷ **일반적인 월급제의 시간 당 급여 계산**

① 시간급 = 월급여 ÷ 1개월 근로시간 (209 시간)
② 1주일 소정근로시간 : 48시간
　　법정근로시간 (40시간) + 유급휴일 근로시간 (8시간)
- 1주 만근(통상 월요일 ~ 금요일)시 1일 유급 주휴 수당(일요일 휴무) 지급

- 1개월 근로시간 : 209시간

  1주일 소정근로시간(48) × 1개월 평균 주(週) 수(4.346)

| 사 례 | 결근시 임금 공제액 계산 |

[예제] 임금 3,000,000원 직책수당 200,000원인 근로자가 1일 결근한 경우
- 시급 : 임금총액(3,200,000원) ÷ 1개월 근로시간(209시간) = 15,311원
- 일 급여(122,488원) = 시급(15,311원) × 8시간
- 주휴수당 1일 공제액 : 122,488원
- 주휴수당은 1주간 만근시 지급하는 수당으로 결근시에는 지급하지 않습니다.
- 공제액 계 244,976원 = 결근 공제(122,488원) + 주휴수당(122,488원)

▶ **주중 결근한 경우 주휴수당**

주휴일은 근로기준법에서 정한바와 같이 주간 소정 근로일수를 개근한 자에 한하여 부여받을 수 있는 것이므로, 당해 주에 1일 이상 결근한 경우 유급 주휴일을 부여하지 않아도 됩니다.

| 사 례 | 휴일근로와 수당 지급 [시급 12,000원 8시간 근무] |

- 무급휴무일에 근로를 제공하는 경우
  휴일근로에 대한 임금(96,000원) + 휴일근로가산수당(48,000원)
- 유급휴무일에 근로를 제공하는 경우
  주휴수당(96,000원) + 휴일근로에 대한 임금(96,000원)
  + 휴일근로가산수당(48,000원)

▶ **지각, 조퇴시 급여 차감**

지각이나 조퇴는 결근이 아니므로 주휴수당을 받을 수 있습니다. 다만, 무노동 무임금의 원칙에 따라 조퇴나 지각한 시간만큼 시간급으로 계산하여 공제하는 것은 문제가 되지 않습니다.

6 평균임금 및 통상임금

근로기준법에는 법정수당, 퇴직금 계산 등의 기준이 되는 임금의 범위를 정하고 있으며, 그 기준이 되는 평균임금 및 통상임금의 적용 사례는 다음과 같습니다.

통상임금	평균임금
연장, 야간, 휴일근로수당	퇴직금 계산
산전후 휴가급여	재해보상금
해고 예고수당	감봉(감급)제한의 기준

평균임금

▶ 평균임금이란?

평균임금이란 그 명칭에 불문하고 근로자에게 지급되는 모든 급여를 말하며, 연장·야간·휴일근로수당, 월 10만원 한도 내의 식대 등도 포함합니다. 단, 비정기적으로 지급하는 상여금, 실비변상정도의 차량유지비 등은 포함하지 않습니다.

▶ **차량유지비의 평균임금 포함 여부**
차량유지비의 경우 그것이 차량 보유를 조건으로 지급되었거나 직원들 개인 소유의 차량을 업무용으로 사용하는 데 필요한 비용을 보조하기 위해 지급된 것이라면 실비변상적인 것으로서 근로의 대상으로 지급된 임금이라고 볼 수 없으나, 전 직원에 대하여 또는 일정한 직급을 기준으로 일률적으로 지급되었다면, 이는 근로의 대상으로 지급된 임금이라고 볼 수 있습니다. 따라서 차량유지비에 대한 규정과 달리 실제로는 일정한 직급 이상의 직원들에게 개인의 차량 보유 여부나 업무용 사용 여부와 무관하게 일정액을 일률적으로 지급한 경우에는 근로의 대가인 임금에 해당하므로, 퇴직금 산정시의 평균임금에 포함된다고 할 것입니다.
(대법원 2002. 5. 31. 선고 2000다18127 판결 참조)

▶ 식대의 평균임금 포함 여부

근로자에게 매월 고정적인 식대가 지급되고 있다면 이는 평균임금에 해당합니다. 노동부의 행정해석에서도 노조와 체결된 단체협약이나 회사가 정한 취업규칙 및 사규 또는 당사자간의 근로계약 등에 규정(지급조건, 지급방법 등)되어진 급식비(식대보조금, 잔업식사대금, 조근식사대금)로써 전 근로자에게 일률적으로 지급하는 경우에는 평균임금에 포함되도록 정하고 있습니다.

그러나 단순히 후생적으로 지급되는 '현물급식'은 그것을 따로 돈으로 환가할 장치가 마련되지 않았다면 임금으로 보지 않아 평균임금에 포함하지 않습니다.

☐ 근기 01254-13715, 1987.08.25.
모든 근로자에게 정규적·일률적으로 지급되는 급식비는 단체협약, 취업규칙 또는 근로계약 등에 정하여 있지 않더라도 관례적으로 지급한 것이 사실이라면 이는 평균임금 산정기초에 포함되어야 하는 것임.

▶ 평균임금 산정상의 상여금 취급요령

(노동부예규 제39호,1981.6.5.)
① 상여금이 단체협약, 취업규칙, 기타 근로계약에 미리 지급조건 등이 명시되어 있거나 관례로서 계속 지급하여온 사실이 인정되는

경우에는 그 상여금의 지급이 법적인 의무로서 구속력을 가지게 되어 이때에는 근로의 대상성이 확정되는 것이므로 이는 임금으로 취급하여야 할 것입니다. 그러므로 지급되는 상여금은 지급횟수(연 1회 또는 4회 등)를 불문하고 평균임금 산정기초에 산입하여야 합니다.
② 상여금은 이를 지급받았을 때(월)만의 임금으로 취급하여 일시에 전액을 평균임금에 산입할 것이 아니고 평균임금을 산정하여야 할 사유가 발생한 때(퇴직한 때) 이전 12개월 중에 지급받은 상여금 전액을 그 기간동안의 근로월수(3개월)로 분할 계산하여 평균임금산정에 산입하여야 합니다.

▶ 평균임금 계산

① 평균임금은 이를 산정하여야 할 사유가 발생한 날 이전 3개월 동안에 그 근로자에게 **지급된 임금의 총액**을 그 기간의 총일수로 나눈 1일의 평균임금을 말합니다.
② 근로자가 취업한 후 3개월 미만인 경우도 이에 준합니다.
③ **평균임금 계산시 사유가 발생한 날은 산입하지 않습니다**.
④ 평균임금 산정기간 중에 다음의 하나에 해당하는 기간이 있는 경우에는 그 기간과 그 기간 중에 지불된 임금은 평균임금 산정기준이 되는 기간과 임금의 총액에서 각각 공제합니다.
1. 수습사용중의 기간
2. 사용자의 귀책사유로 인하여 휴업한 기간
3. 산전후휴가기간 및 육아휴직기간
4. 업무수행으로 인한 부상 또는 질병의 요양을 위하여 휴업한 기간
5. 쟁의행위기간
6. 업무외 부상·질병 기타의 사유로 인하여 사용자의 승인을 얻어 휴업한 기간

▶ 평균임금 산정방법

① 3개월간의 임금에는 산정기준일 직전 1년간 지급한 상여금 합계액에 12분의 3을 곱한 금액을 합산합니다.

② 평균임금의 계산방법에 따라 산출된 금액이 그 근로자의 통상임금보다 적으면 그 통상임금액을 평균임금으로 합니다. 이는 3개월간의 임금총액은 근로일수가 아니라 그 기간의 총일수 나누어 계산하기 때문에 당해 3개월간에 결근일수가 많은 경우 평균임금이 통상임금보다 적은 금액이 될 수 있으므로 근로기준법은 이와 같은 경우 통상임금으로 대신하도록 규정하고 있습니다.

③ 퇴직의 경우 기산일은 퇴직일로 하며, 근로자가 사직서를 제출하여 퇴직하는 경우에는 사표 수리를 한 날 퇴직일로 합니다. 단, 근로자의 퇴직의사 표시에 대하여 사용자가 이를 승낙하지 않는 경우 근로자로부터 퇴직 의사표시를 통고받은 날로부터 1월이 경과한 날 퇴직의 효력이 발생합니다.

◎ 통상임금

▶ 통상임금이란?

① 통상임금이란 근로자에게 정기적·일률적으로 소정근로 또는 총근로에 대하여 **지급하기로 정하여진** 시간급금액·일급금액·주급금액·월급금액 또는 도급금액을 말합니다. 즉, 정기적으로 지급되는 '**정기성**', 사전에 금액이 확정되어야 한다는 '**고정성**', 모든 근로자에게 지급되는 '**일률성**' 등 3가지 성격을 모두 충족하여야 통상임금에 해당하는 것입니다.

② 매월 정기적으로 지급되는 기본급, 직무수당, 직책수당 등은 통상임금에 포함하나 연장근로.휴일근로.야간근로수당, 월차수당, 연차수당, 상여금등은 통상임금에 포함하지 아니합니다. 다만, 재직자에 한하여 지급하던 상여금을 매월 정기적으로 지급하되 퇴직자에게 일할 계산하여 지급한다면 통상임금에 포함하여야 합니다.

▶ 식대의 통상임금 포함 여부

일정액의 식대를 전 근로자에게 일률적으로 지급하는 경우에는 행정해석, 판례 모두 통상임금으로 인정하고 있습니다. 즉, 복리후생적으로 지급하는 임금이라고 하더라도 다른 조건 없이 정기적, 일률적으로 지급되고 있다면 통상임금의 범위에 산입하는 것이 적절할 것으로 판단됩니다. (대법 2016.2.18. 2012다62899)

▶ 차량유지비의 통상임금 포함 여부

차량유지비의 경우 자기 소유의 차량을 업무수행에 제공함으로써 소요되는 경비를 변상하기 위하여 지급되는 실비변상적 성격의 차량유지비는 임금자체에 해당하지 않기 때문에 통상임금에서 제외됩니다. 그러나 전 직원에 대하여 또는 일정한 직급을 기준으로 일률적으로 지급되었다면 근로의 대상으로 지급된 것으로 볼 수 있으며 통상임금에 포함하여야 할 것입니다.
(대법99다10806, 2000.12.22)

▶ 통상임금 산정원칙

① 통상임금의 지급기준은 되는 연장근로.휴일근로.야간근로수당은 시급으로 계상하므로 통상임금은 시급으로 계산합니다.
② 통상임금산정기준시간을 정함에 있어 주급이나 월급의 경우 소정근로시간과 유급휴일 근로시간을 포함한 시간으로 합니다.

③ 법정기준근로시간을 초과하는 총 근로시간을 전제로 일급금액, 주급금액, 월급금액으로 정하여진 경우에는 초과근로에 대한 법정수당분을 제외한 금액으로 계산합니다.

▶ 통상임금 산정방법 (시간급 산정)

① 시간급금액으로 정하여진 임금 ~ 그 금액
② 일급금액으로 정하여진 임금 ~ 그 금액을 1일 소정근로시간수 (통상 8시간)로 나눈 금액
③ 주급금액으로 정하여진 임금 ~ 그 금액을 주의 통상임금 산정 기준시간수(주의 소정근로시간과 유급 처리되는 시간을 합산한 시간)로 나눈 금액
④ 월급금액으로 정하여진 임금 ~ 그 금액을 월의 통상임금 산정 기준시간수로 나눈 금액 (주의 통상임금 산정 기준시간에 1년간의 평균 주수를 곱한 시간을 12로 나눈 시간)

평균임금은 지급된 임금을 기준으로 계상하나 통상임금은 정하여진 임금을 기준으로 산정합니다.

사 례	통상임금 계산

[예제] 기본급 2,500,000원, 직책수당 100,000원 차량유지비 200,000원 식대 200,000원
(차량유지비 및 식대는 전 직원에게 조건없이 일률적으로 지급함)
통상임금 계산 대상 임금 : 3,000,000원
(기본급 + 직책수당 + 차량유지비 + 식대)
• 시급(14,355원) = 3,000,000 ÷ 209
• 일급(114,840원) = 시급(14,355원) × 8시간
[풀이] 전직원에게 조건없이 지급하는 차량유지비 및 식대는 통상임금에 포함하여야 합니다.

■ 통상임금 및 평균임금 등의 판단기준 예시

판 단 기 준 예 시	통상임금	평균임금
1. 소정근로시간 또는 법정근로시간에 대하여 지급하기로 정하여진 기본급 임금	○	○
2. 일·주·월 기타 1임금산정기간내의 소정근로시간 또는 법정근로시간에 대하여 일급·주급·월급 등의 형태로 정기적·일률적으로 지급하기로 정하여진 고정급임금		
① 담당업무나 직책의 경중 등에 따라 미리 정하여진 지급조건에 의해 지급하는 수당	○	○
• 직무수당(금융, 출납수당),직책수당(반장,소장수당)등		
② 물가변동이나 직급간의 임금격차 등을 조정하기 위하여 지급하는 수당	○	○
• 물가수당, 조정수당 등		
③ 기술이나 자격·면허증소지자, 특수작업종사자 등에게 지급하는 수당	○	○
• 기술수당, 자격수당, 면허수당, 특수작업수당, 위험수당 등		
④ 특수지역에 근무하는 근로자에게 정기적·일률적으로 지급하는 수당	○	○
• 벽지수당, 한냉지근무수당 등		
⑤ 버스, 택시, 화물자동차, 선박, 항공기 등에 승무하여 운행· 조종·항해·항공 등의 업무에 종사하는 자에게 근무일수와 관계없이 일정한 금액을 일률적으로 지급하는 수당	○	○
• 승무수당, 운항수당, 항해수당 등		
⑥ 생산기술과 능률을 향상시킬 목적으로 근무성적에 관계없이 매월 일정한 금액을 일률적으로 지급하는 수당	○	○
• 생산장려수당, 능률수당 등		
⑦ 그 밖에 제①부터 제⑥까지에 준하는 임금 또는 수당	○	○

3. 실제 근로여부에 따라 지급금액이 변동되는 금품과 1임금 산정기간 이외에 지급되는 금품		
① 「근로기준법」과 「근로자의 날 제정에 관한법률」 등에 의하여 지급되는 연장근로수당, 야간근로수당, 휴일근로수당, 월차유급휴가근로수당, 연차유급휴가근로수당, 생리휴가보전수당 및 취업규칙 등에 의하여 정하여진 휴일에 근로한 대가로 지급되는 휴일근로수당 등		○
② 근무일에 따라 일정금액을 지급하는 수당 • 승무수당, 운항수당, 항해수당, 입갱수당 등		○
③ 생산기술과 능률을 향상시킬 목적으로 근무성적 등에 따라 정기적으로 지급하는 수당 • 생산장려수당, 능률수당 등		○
④ 장기근속자의 우대 또는 개근을 촉진하기 위한 수당 • 개근수당, 근속수당, 정근수당 등		○
⑤ 취업규칙 등에 미리 지급금액을 정하여 지급하는 일·숙직수당		○
⑥ 상여금		
가. 취업규칙 등에 지급조건, 금액, 지급시기가 정해져 있거나 전 근로자에게 관례적으로 지급하여 사회통념상 근로자가 당연히 지급 받을 수 있다는 기대를 갖게 되는 경우 • 정기상여금, 체력단련비 등	○	○
나. 관례적으로 지급한 사례가 없고, 기업이윤에 따라 일시적· 불확정적으로 사용자의 재량이나 호의에 의해 지급하는 것 • 경영성과 배분금, 격려금, 생산장려금, 포상금, 인센티브 등		
⑦ 봉사료(팁)로서 사용자가 일괄관리 배분하는 경우		○

4. 근로시간과 관계없이 근로자에게 생활보조적·복리후생적으로 지급되는 금품 ① 통근수당, 차량유지비 　가. 전 근로자에게 정기적·일률적으로 지급하는 경우 　나. 출근일수에 따라 변동적으로 지급하거나 　　　일부 근로자에게 지급하는 경우 ② 사택수당, 월동연료수당, 김장수당 　가. 전 근로자에게 정기적·일률적으로 지급하는 경우 　나. 일시적으로 지급하거나 일부 근로자에게 지급하는 경우 ③ 가족수당, 교육수당 　가. 전 근로자에게 일률적으로 지급하는 경우 　나. 가족 수에 따라 차등 지급되거나 일부 근로자에게만 지급하는 학자보조금, 교육비 지원 등의 명칭으로 지급 ④ 급식 및 급식비 　가. 근로계약, 취업규칙 등에 규정된 급식비로써 근무일수에 관계없이 전 근로자에게 일률적으로 지급하는 경우 　나. 출근일수에 따라 차등 지급하는 경우	○ ○ ○ ○
5. 임금의 대상에서 제외되는 금품 ① 휴업수당, 퇴직금, 해고예고수당 ② 단순히 생활보조적, 복리후생적으로 보조하거나 혜택을 부여하는 금품 　● 결혼축의금, 조의금, 의료비, 재해위로금, 교육관·체육시설이용비, 피복비, 통근차·기숙사·주택제공 등 ③ 사회보장성 및 손해보험성 보험료부담금 　● 고용보험료, 의료보험료, 국민연금, 운전자보험 등 ④ 실비변상으로 지급되는 금품 　● 출장비, 정보활동비, 업무추진비, 작업용품 구입비 등 ⑤ 돌발적인 사유에 따라 지급되거나 지급조건이 규정되어 있어도 사유 발생이 불확정으로 나타나는 금품 　● 결혼수당 등 ⑥ 기업의 시설이나 그 보수비 : 기구손실금 등	

7 최저임금

ⓐ 최저임금 적용 [최저임금법]

① 근로자에 대하여 임금의 최저수준을 보장하여 근로자의 생활안정을 꾀하기 위하여 최저임금액보다 적은 임금을 지급하거나 최저임금을 이유로 종전의 임금을 낮춘 자는 3년 이하의 징역 또는 2천만원 이하의 벌금에 처한다. 라고 규정하고 있는바 사용자는 반드시 최저임금 이상의 금액을 지급하여야 하며, 근로자 4인 이하 사업장의 경우에도 최저임금은 지급하여야 합니다.
② 최저임금은 정규직 직원뿐만 아니라 임시직, 계약직, 일용직, 아르바이트 등 고용형태에 관계없이 근로를 제공하는 모든 근로자에게 적용하여야 합니다.

■ 최저임금 → (2025년) 10,030원 (2024년) 9,860원
[최저임금법 제10조, 고시] <시행시기> 2025.01.01.

ⓐ 최저임금 계산

▶ **일 또는 월단위 임금의 최저임금**
① 일(日) 단위로 정해진 임금 ~ 그 금액을 1일의 소정근로시간 수(일에 따라 소정근로시간 수가 다른 경우에는 1주간의 1일 평균 소정근로시간 수)로 나눈 금액으로 합니다.
② 월(月) 단위로 정해진 임금 ~ 그 금액을 1개월의 소정근로시간 수(월에 따라 소정근로시간 수가 다른 경우에는 1년간의 1개월 평균 소정근로시간 수)로 나눈 금액으로 계산합니다.

🔲 월급제의 최저임금

연도	시간급 × 월근로시간	월급	비고
2025년	10,030원 × 209	2,096,270원	유급 휴일
2024년	9,860원 × 209	2,060,740원	근로시간 포함

- 월근로시간 (주40시간) : 209시간

[40시간 + 8시간(유급휴일근로시간)] × 월평균주수 4.345(365 ÷ 7 ÷ 12)

▶ 수습 중에 있는 근로자에 대한 최저임금액

1년 이상의 기간을 정하여 근로계약을 체결하고 수습 중에 있는 근로자로서 수습을 시작한 날부터 3개월 이내인 사람에 대해서는 시간급 최저임금액(최저임금으로 정한 금액)에서 100분의 10을 뺀 금액을 그 근로자의 시간급 최저임금액으로 합니다.

▶ 최저임금에 산입되는 임금

매월 1회 이상 정기적·일률적으로 지급하는 임금(기본급, 직무수당, 직책수당, 기술수당, 면허수당,특수작업수당, 벽지수당, 승무수당, 항공수당, 항해수당, 생산장려수당 등)

▶ 최저임금에 산입되지 않는 임금

① 매월 1회 이상 정기적으로 지급하는 임금외의 임금(1개월을 초과하는 기간에 걸친 사유에 따라 지급하는 상여금, 정근수당, 근속수당, 결혼수당 등)

② 연차휴가 근로수당, 유급휴가 근로수당, 유급휴일 근로수당, 연장시간근로·휴일근로에 대한 임금 및 가산임금, 야간근로 가산임금, 일·숙직 수당, 가족수당, 급식수당, 주택수당, 통근수당 등

[개정] 아래 임금은 최저임금에 산입하지 않음 (2019.1.1 시행)

① 상여금, 그 밖에 이에 준하는 것으로서 1개월을 초과하는 기간에 걸친 해당 사유에 따라 산정하는 상여금, 장려가급, 능률수당 또는 근속수당의 월 지급액 중 해당연도 시간급 최저임금액을 기준으로 산정된 월 환산액의 25%(정기 상여금 연300%)에 해당하는 부분
단, 상여금을 매월 단위로 지급하는 경우 최저임금에 포함함
② **식비**, 숙박비, 교통비 등 근로자의 생활보조 또는 복리후생을 위한 성질의 임금으로서 다음 중 어느 하나에 해당하는 것
1. 통화 이외의 것(현물)으로 지급하는 임금
2. 통화로 지급하는 임금의 월 지급액 중 해당연도 시간급 최저임금액을 기준으로 산정된 월 환산액의 7%에 해당하는 부분

이에 따라, 매월 1회 이상 정기적으로 지급하는 상여금과 현금으로 지급하는 복리후생비의 경우 해당 연도 시간급 최저임금액을 기준으로 산정된 월 환산액의 25%(정기상여금 연 300%)와 7%를 초과하는 부분은 최저임금에 산입

■ 정기상여금, 현금성 복리후생비의 최저임금 미산입 비율
▶ 해당 연도 시간급 최저임금액을 월 단위로 환산한 금액의 아래 비율

구 분	2020	2021	2022년	2023	2024
정기상여금	20%	15%	10%	5%	0%
현금성 복리후생비	5%	3%	2%	1%	0%

사용자가 개정법에 따라 산입되는 임금을 포함시키기 위해 1개월을 초과하는 주기로 지급하는 임금을 총액의 변동 없이 매월 지급하는 것으로 취업규칙을 변경할 경우에는, 근로기준법 제94조제1항에도 불구하고 과반수 노동조합 또는 과반수 근로자의 의견을 들어야 한다는 취업규칙 변경절차의 특례를 규정(취업규칙 변경 시에 의견을 듣지 않으면 500만원 이하의 벌금)

8 근로자 해고

해고 등의 제한 (근로기준법 제23조)

사용자는 근로자가 업무상 부상 또는 질병의 요양을 위하여 휴업한 기간과 그 후 30일 동안 또는 산전(산전)·산후(산후)의 여성이 휴업한 기간과 그 후 30일 동안은 해고하지 못합니다.

해고의 예고 및 서면통지 (근로기준법 제26조)

사용자는 근로자를 해고(경영상 이유에 의한 해고 포함)하려면 적어도 30일 전에 해고예고를 하여야 하고, 이 경우 해고사유와 해고시기를 서면으로 통지하여야 효력이 있습니다. 단, 30일 전에 해고예고를 하지 아니하였을 때에는 30일분 이상의 통상임금을 지급하여야 하며, 이와 관련한 수당은 퇴직금으로 처리하여야 합니다. 한편, 해고 예고를 하지 아니하고, 해고를 한 경우 근로자가 고용노동부에 민원을 제기하여 고용노동부의 명령에 의하여 해고예고수당을 지급하여야 하는 경우가 종종 발생하므로 유의를 하여야 합니다.

□ 근로기준법 제26조(해고의 예고) 사용자는 근로자를 해고(경영상 이유에 의한 해고를 포함한다)하려면 적어도 30일 전에 예고를 하여야 하고, 30일 전에 예고를 하지 아니하였을 때에는 30일분 이상의 통상임금을 지급하여야 한다. 다만, 다음 각 호의 어느 하나에 해당하는 경우에는 그러하지 아니하다. <개정 2010. 6. 4., 2019. 1. 15.>
1. 근로자가 계속 근로한 기간이 3개월 미만인 경우
2. 천재·사변, 그 밖의 부득이한 사유로 사업을 계속하는 것이 불가능한 경우
3. 근로자가 고의로 사업에 막대한 지장을 초래하거나 재산상 손해를 끼친 경우로서 고용노동부령으로 정하는 사유에 해당하는 경우

9 수습기간 근로기준법

수습기간 및 최저임금

수습기간은 근로기준법 등 노동관계법령상 달리 정한 바가 없으므로 근로계약시 당사자간이 결정할 수 있는 사항이나, 최저임금법 제5조 제2항에 의거, 수습사용 3개월 이내인 자는 최저임금의 90%를 적용할 수 있습니다. 다만 1년 미만의 기간을 정하여 근로계약을 체결한 근로자 또는 단순노무직은 제외됩니다.

수습기간 연장

수습기간 연장은 가능하지만, 회사가 '임의로' 혹은 '일방적으로' 통보하는 경우 근로조건 위반에 해당합니다. 이는 근로기준법 제4조에 따르면 '근로조건은 근로자와 사용자가 동등한 지위에서 자유의사에 따라 결정하여야 한다'고 되어 있으므로, 사전 동의가 있어야 연장이 가능합니다.

수습기간 실업급여

근무 기간이 3개월 이내 권고사직이나 해고된 경우로서 고용보험가입기간이 180일 이상(종전 근무기간이 있고 종전 근무기간 중 고용보험에 가입한 경우)인 경우 실업급여 수급이 가능합니다. 즉, 수습기간을 포함하여 180일 이상 되는 경우에 한하여 실업급여를 수급할 수 있는 것입니다.

수습기간내 해고

근로자를 해고할 때는 최소 30일전에 서면(5인 미만 사업장의 경우에는 서면 통보를 요하지 않음)으로 해고예고를 하여야 하나 수습기간 3개월 이내의 근로자를 해고할 때는 해고 예고 의무가 없으며, 해고 예고를 하지 아니한 경우에도 30일분 이상의 해고예고수당을 지급할 의무가 없습니다. [근로기준법 제26조 및 제27조]

수습기간 연차휴가

상시 근로자 5인 이상 사업장인 경우 수습기간과 관계없이 근로기준법 제60조제2항에 따라 근무한 기간이 1년 미만인 근로자에게도 1개월 개근 시 1일의 유급휴가를 주어야 합니다. 따라서 수습기간이 3개월이고 만근한 경우 총 3일의 휴가가 발생하게 됩니다. 한편, 입사 1년 미만자의 연차유급휴가 사용기간은 입사일로부터 1년 내에 (최초 1년의 근로가 끝날 때까지의 기간) 사용하여야 합니다.

☐ 근로기준법 제60조(연차 유급휴가)
② 사용자는 계속하여 근로한 기간이 1년 미만인 근로자 또는 1년간 80퍼센트 미만 출근한 근로자에게 1개월 개근 시 1일의 유급휴가를 주어야 한다. <개정 2012. 2. 1.>
⑦ 제1항·제2항 및 제4항에 따른 휴가는 1년간(계속하여 근로한 기간이 1년 미만인 근로자의 제2항에 따른 유급휴가는 최초 1년의 근로가 끝날 때까지의 기간을 말한다) 행사하지 아니하면 소멸된다. 다만, 사용자의 귀책사유로 사용하지 못한 경우에는 그러하지 아니하다.
<개정 2020. 3. 31.>

10 근로자 4인 이하 사업장의 근로기준법

Q 개요

근로자 4인 이하 사업장의 경우 연장·야간·휴일근로에 대한 가산임금, 연차휴가 등은 적용하지 않습니다. 단, 최저임금은 보장하여야 하며, 1주 만근 근무시 주휴수당을 지급하여야 합니다. [근로기준법 제11조, 근로기준법 시행령 제7조 및 별표1]

Q 근로기준법 적용 인원 기준

상시근로자수 5인 미만 사업장의 경우 근로기준법의 일부 규정들은 적용되지 아니하며, 근로자 연인원수에는 임시직, 일용직, 아르바이트, 외국인 등을 모두 포함한 인원입니다. 단, 사용주(대표자), 파견근로자, 용역근로자는 제외합니다.

$$\text{상시근로자수} = \frac{\text{사유발생일 전 1개월 내 사용한 근로자의 연인원수}}{\text{사유발생일 전 1개월 내 사업장 가동 일수}}$$

[상시근로자수 계산] 구글, 네이버 (검색어) 근로자수 자동계산 노동OK

Q 4인 이하 기업의 근로기준법 적용 제외 규정

▶ **근로시간**

5인미만 사업장은 근로시간을 제한하는 근로기준법 조항의 적용을 받지 않기 때문에 근로시간에 제한이 없습니다.

▶ **가산임금**

근로기준법 제56조의 연장, 야간 및 휴일근로에 대한 규정이 적용되지 않습니다. 따라서 5인 미만 사업장의 경우 근로자가 연장근로, 야간근로, 휴일근로를 하는 경우 그 시간에 상응하는 통상임금을 지급할 의무는 있으나 통상임금의 50%를 가산하여 임금을 지급하지 않아도 됩니다.

▶ **연차휴가**

근로기준법 제60조의 연차유급휴가 규정은 적용되지 않습니다. 단, 근로기준법은 최저기준을 정하는 법규이기 때문에 이를 상회하는 경조휴가나 특별휴가 등을 부여하는 것은 사용자의 재량입니다.

▶ **퇴직금**

퇴직금은 5인 미만 기업에 적용 제외되었으나 근로기준법 개정으로 평균 15시간 이상, 1년 이상 근무한 경우 5인 미만 기업이라도 2010년 12월 1일 ~ 2012년 12월 31일는 50%가 적용되고, 2013년 1월 1일부터는 100%가 적용하게 됩니다.

▶ **해고**

근로기준법 제23조에는 "사용자는 근로자를 정당한 이유없이 해고할 수 없다" 라고 규정하고 있으며, 정당한 사유없이 근로자를 일방적으로 해고시켰을 경우에는 근로기준법에 따라 해당 근로자에게 1~3개월 분의 월급을 보상해야 합니다.

단, 5인미만 사업장에는 근로기준법 제23조가 적용되지 않기 때문에 5인미만 사업장은 근로자를 정당한 사유가 없어도 해고할 수 있습니다. 또한 정당한 사유없이 해고를 했다고 하더라도 근로자에게 보상금을 지급하지 않아도 문제가 되지 않습니다.

▶ 해고 30일전 통지

사용자는 근로자를 해고(경영상 이유에 의한 해고를 포함한다)하려면 적어도 30일 전에 예고를 하여야 하고, 해고예고를 하지 않는 경우 30일분 이상의 통상임금을 지급하여야 합니다. 5인 미만 사업장의 경우에도 해고예고(근로기준법 제26조)는 적용되기 때문에 근로자를 해고하려면, 30일전에 통지를 하여야 하며, 통지를 하지 않은 경우 30일분 이상의 통상임금을 지급하여야 합니다.

■ 근로기준법 시행령 [별표 1] <개정 2018. 6. 29.>
상시 4명 이하의 근로자를 사용하는 사업 또는 사업장에 적용하는 법 규정(제7조 관련)

구분	적용법 규정
제1장 총칙	제1조부터 제13조까지의 규정
제2장 근로계약	제15조, 제17조, 제18조, 제19조제1항, 제20조부터 제22조까지의 규정, 제23조제2항, 제26조, 제35조부터 제42조까지의 규정
제3장 임금	제43조부터 제45조까지의 규정, 제47조부터 제49조까지의 규정
제4장 근로시간과 휴식	제54조, 제55조제1항, 제63조
제5장 여성과 소년	제64조, 제65조제1항·제3항(임산부와 18세 미만인 자로 한정한다), 제66조부터 제69조까지의 규정, 제70조제2항·제3항, 제71조, 제72조, 제74조
제6장 안전과 보건	제76조
제8장 재해보상	제78조부터 제92조까지의 규정
제11장 근로감독관 등	제101조부터 제106조까지의 규정
제12장 벌칙	제107조부터 제116조까지의 규정(제1장부터 제6장까지, 제8장, 제11장의 규정 중 상시 4명 이하 근로자를 사용하는 사업 또는 는 사업장에 적용되는 규정을 위반한 경우로 한정한다)

5인 미만, 5인 이상 변동시 연차휴가

[1] 5인 이상에서 미만으로 변경된 경우

「근로기준법」 시행령 제7조의2(상시 사용하는 근로자 수의 산정 방법)에 따라 산정한 결과 상시근로자 5인 이상이 된 때부터 제60조(연차유급휴가)가 적용되는 시점으로 보아야 한다.
(근로기준정책과-7714, 2016.12.41)

(예) 1년 미만 월단위 연차 산정기준 입사일(2019.1.1.) 5인 이상이 된 때(2019.5.1.)
변경 전: (입사일 기준) : 2019.1.1.
변경 후: (5인 이상이 된 때부터) : 2019. 5.1 ~

[2] 5인 이상에서 미만으로 변경된 경우

상시근로로자수 5인 이상 사업장일 때 연차휴가가 발생하였으나 5인 미만으로 변경된 경우에도 이미 발생한 연차휴가는 소멸되지 않는다.

급여 압류 제한

개요

근로자가 채권자로부터 금전 등을 차입하고 그 채무이행을 하지 않은 경우 채권자는 법원의 결정에 의하여 채무자의 급여를 압류할 수 있으며, 급여 압류통지서를 받은 경우 해당 근로자의 임금 지급시 압류금액을 징수하여두었다가 압류권자에게 지급하여야 합니다.
다만, 월급여가 185만원 이하인 경우 채권자가 압류를 할 수 없으므로 신용불량자 등의 경우에도 급여가 185만원 이하인 경우 급여 신고 및 4대보험 가입을 하여도 무방합니다.

▶ **신용불량자 본인 명의 예금통장 압류**
월급여가 185만원 이하인 경우 급여 자체는 압류할 수 없으나 신용불량자의 예금 통장은 예금 잔고금액에 관계없이 압류를 할 수 있으므로 본인 명의 통장으로 이체를 하지 않는 것이 안전합니다.

압류 금지 급여채권

▶ **압류금지 최저금액(월급여 185만원)**
월급여가 185만원 이하인 경우에는 전액 압류할 수 없습니다.

▶ **급여채권의 2분의 1 상당액**
① 급료·연금·봉급·상여금·퇴직연금, 그 밖에 이와 비슷한 성질을 가진 급여채권의 2분의 1에 해당하는 금액은 압류하지 못합니다.

② 월급여가 185만원을 초과하는 경우로서 월급여의 2분의 1이 185만원을 초과하는 경우 2분의 1을 압류할 수 있습니다. 예를 들어 월급여가 500만원인 경우 250만원을 압류할 수 있습니다.

구 분	압류 금액
185만원 이하	압류 금지
185만원 초과 370만원 이하	급여 - 185만원
370만원 초과 600만원 이하	급여의 1/2
600만원 초과	월 300만원 + [{(월급여채권액×1/2) - 월 300만원}×1/2]

■ 압류가능금액 (검색) [대법원 압류금지채권]「민사집행법 시행령」제3조

▶ **국세 및 지방세 압류금지**

국세 및 지방세의 경우 월 250만원 이하인 경우 급여채권 등에 대하여 압류를 금지하고 있습니다.

○ 국세징수법 제42조, 국세징수법 시행령 제32조
○ 지방세징수법 제42조, 지방세징수법 시행령 제47조

▶ **퇴직금 등 압류제한금액**

퇴직금 그 밖에 이와 비슷한 성질을 가진 급여채권의 2분의 1에 해당하는 금액은 압류가 금지됩니다. 예를 들어 퇴직위로금 또는 명예퇴직수당은 그 재직 중 직무집행의 대가로 지급하는 것이므로 퇴직금과 유사하다고 볼 수 있으므로 그 금액의 2분의 1에 해당하는 금액은 압류가 금지됩니다.

▶ **전역 압류금지**

건설업자가 도급받은 건설공사의 도급금액 중 당해 공사의 근로자에게 지급하여야 할 노임에 상당하는 금액에 대하여는 이를 압류할 수 없습니다.

근로기준법 및 고용노동부 홈페이지 자료

■ 고용노동부 상담센터

☎ 국번없이 1350

■ 근로기준법 및 시행령, 시행규칙

[1] 법제처 홈페이지 접속 (http://www.moleg.go.kr)

[2] 법령명('근로기준법') 입력 후 검색 클릭

[3] 저장 버튼 클릭 후 저장

[4] 내용 검색

❶ 편집 → 찾아바꾸기 [단축키 : Ctrl + F2]
❷ 찾을 내용 (예 : 취업규칙) 입력 → 다음찾기 클릭

[5] 법령자료 이용시 주의할 사항

해당 법령의 '부칙'에서 반드시 시행일을 확인하여야 합니다.

10인 이상 사업장 취업규칙 작성 비치 의무

표준 취업규칙

고용느동부 홈페이지 → 정보공개 → 부서별자료실

자주 찾는 자료실

제 목
근로기준법 질의회시집 게시(2013.1-2015.12)
표준취업규칙(안) 게시
직장내 성희롱 예방교육 표준 가이드라인 매뉴얼 동영상
장애인 고용계획 및 실시상황 보고서
직장 내 성희롱 및 성차별 없는 행복한 직장
상반기 장애인 고용계획 실시상황 보고서
직장 내 성희롱 예방교육 지정 기관
표준취업규칙안_음식점업
표준취업규칙안_숙박업
표준취업규칙안
표준근로계약서(모음)
퇴직연금규약신고서

고용노동 관련 법령 및 예규, 고시 등

고용노동부 홈페이지 → 정보공개 → 법령정보

고용노동 관련 법령 및 고시 내용 등을 확인할 수 있습니다.

취업규칙에 관한 근로기준법 규정

☐ 근로기준법 제93조(취업규칙의 작성·신고) 상시 10명 이상의 근로자를 사용하는 사용자는 다음 각 호의 사항에 관한 취업규칙을 작성하여 고용노동부장관에게 신고하여야 한다. 이를 변경하는 경우에도 또한 같다. <개정 2010. 6. 4., 2012. 2. 1., 2019. 1. 15.>
1. 업무의 시작과 종료 시각, 휴게시간, 휴일, 휴가 및 교대 근로에 관한 사항
2. 임금의 결정·계산·지급 방법, 임금의 산정기간·지급시기 및 승급(昇給)에 관한 사항
3. 가족수당의 계산·지급 방법에 관한 사항
4. 퇴직에 관한 사항
5. 「근로자퇴직급여 보장법」 제4조에 따라 설정된 퇴직급여, 상여 및 최저임금에 관한 사항
6. 근로자의 식비, 작업 용품 등의 부담에 관한 사항
7. 근로자를 위한 교육시설에 관한 사항
8. 출산전후휴가·육아휴직 등 근로자의 모성 보호 및 일·가정 양립 지원에 관한 사항
9. 안전과 보건에 관한 사항
9의2. 근로자의 성별·연령 또는 신체적 조건 등의 특성에 따른 사업장 환경의 개선에 관한 사항
10. 업무상과 업무 외의 재해부조(災害扶助)에 관한 사항
11. 직장 내 괴롭힘의 예방 및 발생 시 조치 등에 관한 사항
12. 표창과 제재에 관한 사항
13. 그 밖에 해당 사업 또는 사업장의 근로자 전체에 적용될 사항

제94조(규칙의 작성, 변경 절차) ① 사용자는 취업규칙의 작성 또는 변경에 관하여 해당 사업 또는 사업장에 근로자의 과반수로 조직된 노동조합이 있

는 경우에는 그 노동조합, 근로자의 과반수로 조직된 노동조합이 없는 경우에는 근로자의 과반수의 의견을 들어야 한다. 다만, 취업규칙을 근로자에게 불리하게 변경하는 경우에는 그 동의를 받아야 한다.
② 사용자는 제93조에 따라 취업규칙을 신고할 때에는 제1항의 의견을 적은 서면을 첨부하여야 한다.

제95조(제재 규정의 제한) 취업규칙에서 근로자에 대하여 감급(減給)의 제재를 정할 경우에 그 감액은 1회의 금액이 평균임금의 1일분의 2분의 1을, 총액이 1임금지급기의 임금 총액의 10분의 1을 초과하지 못한다.

| 참 고 | 취업규칙을 작성하지 아니한 경우 무슨 문제가 있나요? |

근로기준법 제116조의 규정에 의하여 500만원 이하의 과태료가 부과될 수 있습니다.

□ 근로기준법 제116조(과태료) ① 사용자(사용자의 「민법」 제767조에 따른 친족 중 대통령령으로 정하는 사람이 해당 사업 또는 사업장의 근로자인 경우를 포함한다)가 제76조의2를 위반하여 직장 내 괴롭힘을 한 경우에는 1천만원 이하의 과태료를 부과한다. <신설 2021. 4. 13.>
② 다음 각 호의 어느 하나에 해당하는 자에게는 500만원 이하의 과태료를 부과한다. <개정 2021. 1. 5., 2021. 4. 13., 2021. 5. 18.>
1. 제13조에 따른 고용노동부장관, 노동위원회 또는 근로감독관의 요구가 있는 경우에 보고 또는 출석을 하지 아니하거나 거짓된 보고를 한 자
2. 제14조, 제39조, 제41조, 제42조, 제48조, 제66조, 제74조제7항·제9항, 제76조의3제2항·제4항·제5항·제7항, 제91조, 제93조, 제98조제2항 및 제99조를 위반한 자
3. 제51조의2제5항에 따른 임금보전방안을 신고하지 아니한 자

■ 과태료 부과기준 자료 찾기
법제처 홈페이지 → 근로기준법시행령 → [별표7] 과태료 부과기준

🅠 근로기준법 관련 고용노동부 자료

▶ 고용노동부 홈페이지 → 정보공개 → 정보공개/기타 주요 발간자료

[질의회시집] → 근로기준법 질의회시집

> 근로기준법과 관련한 고용노동부의 모든 해석 사례를 찾아 볼 수 있는 매우 유용한 자료이므로 다운로드 받아 실무에서 참고하시기 바랍니다.
> ○ 근로계약, 임금, 근로시간과 휴식
> ○ 여성과 소년, 재해보상, 취업규칙, 근로감독관

번호	제목	담당부서	등록일	첨부	조회
59	근로자퇴직급여장법 질의회시집	퇴직연금복지과	2024.06.07	@	9,746
58	산업안전보건법 질의회시집	산업안전보건정책과	2024.05.21	@	16,873
57	근로기준법 질의회시집(2018.4.~2023.6.)	근로기준정책과	2024.01.24	@	23,342

[질의회시집] → 근로자퇴직급여보장법 질의회시집

퇴직금 및 퇴직연금제도에 대한 고용노동부의 모든 해석 사례를 찾아 볼 수 있는 매우 유용한 자료이므로 다운로드 받아 실무에서 참고하시기 바랍니다.

정보공개 → 정보공개/기타 → 주요발간자료 → 질의회시집

제 목
노사협의회 질의회시100문100답
건설업 산업안전보건관리비 해설집
4인 이하 사업장 퇴직급여제도 문답풀이
근로자퇴직급여 보장법 질의회시집
근로기준법 질의회시집(2007.1월~2010.12월)
기간제.단시간.파견근로자를 위한「차별시정제도」
2010년도 기간제법 및 파견법 질의회시집
근로시간면제제도 질의회시집
2009 직업능력개발사업 질의회시집
우리사주 질의회시('02~'09년)
비정규직법 질의회시집
2009년도판 노동조합 및 노동관계조정법 질의회시 모음집
직업안정법 질의회신모음집(2008.12발간)
비정규직법 질의회시집[e-book]
직업능력개발사업 질의회시 모음집_2008년판
공무원 교원 노동조합 관련 질의회시집
사내근로복지기금법 질의회시집
비정규직법령 문답풀이집 Ⅱ
비정규직법령 문답풀이집 Ⅰ
노동조합 및 노동관계조정법 질의회시집_2
임금채권보장법 행정해석모음집
근로ス·퇴직급여보장법 행정해석모음집 발간

제 목
고용평등 및 모성보호 질의회시집_2007년
근로기준법 질의회시집
퇴직연금 질의회시(2006.8~11)
연차유급휴가청구권·수당·미사용수당과 관련된 지침
퇴직연금 질의회시집(2006년7월)
퇴직금 질의회시집(2006년7월)
퇴직연금제 질의회시집(05.11~06.6)
개정근로기준법 해설과 주요질의회시주40시간제 강의자료(1)
산업안전보건법 질의회시집_2006년판
근로자퇴직급여보장법 질의회시집
고용보험법 질의회시집(1995-2005)

고용노동부의 사업주 및 근로자 지원제도

고용보험 인터넷사이트에서 고용노동부에서 고용보험료를 재원으로 사업주 및 근로자에게 지원하는 모든 제도를 확인할 수 있습니다.

검색 : "고용보험" http://www.ei.go.kr

■ 고용유지 지원금
매출액 감소 등으로 고용조정이 불가피하게 된 사업주가 고용유지 조치(휴업, 훈련, 휴직, 인력재배치 등)를 취하여 당 해 피보험자를 계속 고용하는 경우

▶ 지원내용
고용유지를 한 조치기간동안 사업주가 근로자에게 지급한 휴업, 휴직수당 또는 임금액의 일부를 지원

■ 고용창출장려금
근로자를 신규로 고용한 사업주를 지원하는 제도

▶ 지원대상
- 장시간 근로자를 개선하여 빈 일자리에 신규로 근로자를 고용한 경우
- 시간선택제 근로자를 신규로 고용한 경우
- 성장유망업종, 지역특화산업, 국내복귀기업(제조업)에 해당하는 기업이 근로자를 신규로 고용한 경우
- 석,박사 등 전문인력을 신규로 고용한 경우

• 취업이 어려운 중증장애인, 여성가장, 취업지원 프로그램 이수자 등을 신규로 고용한 경우

▣ 고용안정장려금
재직 근로자의 일자리 질을 높인 사업주를 지원하는 제도

▶ 지원대상
• 비정규직 근로자를 정규직으로 전환한 경우
• 전일제 근로자를 시간선택제 근로자로 전환한 경우
• 시차출퇴근제, 재택근무제 등 유연근무제를 도입하여 활요한 경우
• 출산육아기 근로자의 고용 안정을 위한 조치를 하여 기존근로자의 고툥을 안정시킨 경우

▣ 직장어린이집 지원금(인건비)
사업주가 단독 또는 공동으로 근로자를 위하여 어린이집(보육시설)을 설치/운영하는 보육교사등의 인건비를 지원

▶ 지원내용
• 보육고사, 보육시설의 장 및 취사부에 대해 1인당 월 80만원 지원 (조건을 만족하는 시간제근로자 포함)
• 우선지원대상기업이 운영하는 직장보육시설에 대하여 운영비 일부를 보육아동 수에 따라 차등지원(아래 내용 참조)

▣ 직장어린이집 지원금(운영비)
우선지원대상기업이 운영하는 직장보육시설에 대해 기존의 보육교사등 인건비 지원이외에 운영비 일부를 추가로 지원

🔲 2025년 출산 및 육아 관련 개정 내용

[1] 육아휴직 급여 인상 및 기간 확대
1) 육아휴직 급여 상한액 인상
2025년 육아휴직 급여가 150만원에서 최대 250만원까지 인상됩니다.

□ 고용보험법 시행령 제95조(육아휴직 급여)
① 법 제70조제1항에 따른 육아휴직 급여는 다음 각 호의 구분에 따른 금액을 월별 지급액으로 한다. <개정 2024. 12. 24.>
1. 육아휴직 시작일부터 3개월까지: 육아휴직 시작일을 기준으로 한 월 통상임금에 해당하는 금액. 다만, 해당 금액이 250만원을 넘는 경우에는 250만원으로 하고, 해당 금액이 70만원보다 적은 경우에는 70만원으로 한다.
2. 육아휴직 4개월째부터 6개월째까지: 육아휴직 시작일을 기준으로 한 월 통상임금에 해당하는 금액. 다만, 해당 금액이 200만원을 넘는 경우에는 200만원으로 하고, 해당 금액이 70만원보다 적은 경우에는 70만원으로 한다.
3. 육아휴직 7개월째부터 종료일까지: 육아휴직 시작일을 기준으로 한 월 통상임금의 100분의 80에 해당하는 금액. 다만, 해당 금액이 160만원을 넘는 경우에는 160만원으로 하고, 해당 금액이 70만원보다 적은 경우에는 70만원으로 한다.
[부칙] 제1조(시행일) 이 영은 2025년 1월 1일부터 시행한다.

2) 육아휴직 기간 연장
기존 1년이었던 육아휴직 기간이 1년 6개월까지 연장되었습니다. 단, 부모가 각각 육아휴직을 3개월 이상 사용하거나 한부모 또는 중증 장애아동의 부모인 경우에만 가능합니다.

[분할 사용] 기존에는 3번에 걸쳐 육아휴직을 사용할 수 있었는데(분할 2회), 2025년부터 4번에 걸쳐 육아휴직을 사용할 수 있습니다.

☐ 남녀고용평등과 일·가정 양립 지원에 관한 법률
제19조(육아휴직) ① 사업주는 임신 중인 여성 근로자가 모성을 보호하거나 근로자가 만 8세 이하 또는 초등학교 2학년 이하의 자녀(입양한 자녀를 포함한다. 이하 같다)를 양육하기 위하여 휴직(이하 "육아휴직"이라 한다)을 신청하는 경우에 이를 허용하여야 한다. 다만, 대통령령으로 정하는 경우에는 그러하지 아니하다. <개정 2019. 8. 27., 2021. 5. 18.>
② 육아휴직의 기간은 1년 이내로 한다. 다만, 다음 각 호의 어느 하나에 해당하는 근로자의 경우 6개월 이내에서 추가로 육아휴직을 사용할 수 있다. <개정 2024. 10. 22.>
1. 같은 자녀를 대상으로 부모가 모두 육아휴직을 각각 3개월 이상 사용한 경우의 부 또는 모
2. 「한부모가족지원법」 제4조제1호의 부 또는 모
3. 고용노동부령으로 정하는 장애아동의 부 또는 모
[시행일: 2025. 2. 23.]

☐ 남녀고용평등과 일·가정 양립 지원에 관한 법률
제19조의4(육아휴직과 육아기 근로시간 단축의 사용형태)
① 근로자는 육아휴직을 3회에 한정하여 나누어 사용할 수 있다. 이 경우 임신 중인 여성 근로자가 모성보호를 위하여 육아휴직을 사용한 횟수는 육아휴직을 나누어 사용한 횟수에 포함하지 아니한다.
<개정 2020. 12. 8., 2021. 5. 18., 2024. 10. 22.>
② 근로자는 육아기 근로시간 단축을 나누어 사용할 수 있다. 이 경우 나누어 사용하는 1회의 기간은 1개월(근로계약기간의 만료로 1개월 이상 근로시간 단축을 사용할 수 없는 기간제근로자에 대해서는 남은 근로계약기간을 말한다) 이상이 되어야 한다. <개정 2024. 10. 22.>
[시행일: 2025. 2. 23.]

[2] 육아기 근로시간 단축기간 연장

육아기 근로시간 단축 제도의 사용 기한, 기간, 신청 최소 단위가 개선되었습니다. 육아기 근로시간 단축 사용 기한이 기존 자녀 연령 만 8세에서 만 12세까지 연장되었습니다. 또한 육아기 근로시간 단축 기간 또한 기존 최대 2년에서 늘어나 최대 3년까지 사용할 수 있게 되었습니다. 근로시간 단축 최소 신청 단위도 기존 3개월에서 1개월로 줄어들었습니다.

☐ 남녀고용평등과 일·가정 양립 지원에 관한 법률
제19조의2(육아기 근로시간 단축)
① 사업주는 근로자가 만 12세 이하 또는 초등학교 6학년 이하의 자녀를 양육하기 위하여 근로시간의 단축(이하 "육아기 근로시간 단축"이라 한다)을 신청하는 경우에 이를 허용하여야 한다. 다만, 대체인력 채용이 불가능한 경우, 정상적인 사업 운영에 중대한 지장을 초래하는 경우 등 대통령령으로 정하는 경우에는 그러하지 아니하다. <개정 2012. 2. 1., 2019. 8. 27., 2024. 10. 22.>
④ 육아기 근로시간 단축의 기간은 1년 이내로 한다. 다만, 근로자가 제19조제2항 본문에 따른 육아휴직 기간 중 사용하지 아니한 기간이 있으면 그 기간의 두 배를 가산한 기간 이내로 한다.
<개정 2019. 8. 27., 2024. 10. 22.>
[시행일: 2025. 2. 23.] 제19조의2

[3] 대체인력지원금 확대

중소기업 운영자가 육아휴직 근로자의 대체인력을 고용하거나 파견고용한 경우 받을 수 있는 지원금이 월 최대 80만원에서 월 최대 120만원으로 인상되었습니다. 또한 육아휴직자 업무를 다른 동료가 대신하는 경우 월 20만원의 업무 분담 지원금을 지급받을 수 있습니다.

■ 고용노동부 → 정보공개 → 예산 법령정보 → 훈령·예규·고시
[고시] 고용창출장려금 고용안정장려금

[4] 배우자 휴가 확대

배우자 출산 유급휴가의 경우 기존 10일에서 20일로 확대되었습니다.

□ 남녀고용평등과 일·가정 양립 지원에 관한 법률
제18조의2(배우자 출산휴가)
① 사업주는 근로자가 배우자의 출산을 이유로 휴가(이하 "배우자 출산휴가"라 한다)를 고지하는 경우에 20일의 휴가를 주어야 한다. 이 경우 사용한 휴가기간은 유급으로 한다.
<개정 2012. 2. 1., 2019. 8. 27., 2024. 10. 22.>
② 제1항 후단에도 불구하고 출산전후휴가급여등이 지급된 경우에는 그 금액의 한도에서 지급의 책임을 면한다.
③ 배우자 출산휴가는 근로자의 배우자가 출산한 날부터 120일이 지나면 사용할 수 없다. <개정 2019. 8. 27., 2024. 10. 22.>
④ 배우자 출산휴가는 3회에 한정하여 나누어 사용할 수 있다.
<신설 2019. 8. 27., 2024. 10. 22.>
⑤ 사업주는 배우자 출산휴가를 이유로 근로자를 해고하거나 그 밖의 불리한 처우를 하여서는 아니 된다. <신설 2019. 8. 27.>
[시행일: 2025. 2. 23.] 제18조의2

[5] 연차휴가 산정 시 육아기/임신기 단축 근로시간 근로시간 포함 [근로기준법 제60조]

기존 연차 산정이 근로시간에 비례했다면 이제 육아기 및 임신기 근로시간의 단축된 근로시간도 출근 간주 기간에 포함됩니다. 즉, 단축된 근로시간까지 포함하여 연차를 산정해야 합니다.

□ 근로기준법 제60조(연차 유급휴가)
⑥ 제1항 및 제2항을 적용하는 경우 다음 각 호의 어느 하나에 해당하는 기간은 출근한 것으로 본다. <개정 2017. 11. 28., 2024. 10. 22.>
3. 「남녀고용평등과 일·가정 양립 지원에 관한 법률」 제19조제1항에 따른 육아휴직으로 휴업한 기간
4. 「남녀고용평등과 일·가정 양립 지원에 관한 법률」 제19조의2제1항에 따른 육아기 근로시간 단축을 사용하여 단축된 근로시간
<시행시기> 2024.10.22.

□ 남녀고용평등과 일·가정 양립 지원에 관한 법률
제19조의2(육아기 근로시간 단축)
① 사업주는 근로자가 만 12세 이하 또는 초등학교 6학년 이하의 자녀를 양육하기 위하여 근로시간의 단축(이하 "육아기 근로시간 단축"이라 한다)을 신청하는 경우에 이를 허용하여야 한다. 다만, 대체인력 채용이 불가능한 경우, 정상적인 사업 운영에 중대한 지장을 초래하는 경우 등 대통령령으로 정하는 경우에는 그러하지 아니하다.
<개정 2012. 2. 1., 2019. 8. 27., 2024. 10. 22.>

출산, 육아 관련 정부지원 상세 내용

■ 고용24
출산휴가, 육아휴직
■ 고용노동부 → 정보공개 → 예산 법령정보 → 훈령·예규·고시
[고시] 고용창출장려금 고용안정장려금

SECTION 03
근로자퇴직급여보장법에 의한 법정 퇴직금 및 실직 근로자 지원제도

> 직원이 퇴사하는 경우 퇴직금을 지급(1년 이상 근로한 자) 하여야 하며, 퇴직금 지급시 퇴직금에 대한 퇴직소득세 및 지방소득세를 계상하여 징수 및 납부하여야 하고, 4대보험료를 정산하여야 합니다.

1 퇴직금 계산

법정 퇴직금

① 근로자퇴직급여보장법에 의하여 상시근로자수 5인 이상을 고용하고 있는 사업주는 근로자가 1년 이상 계속 근로하고 퇴사하는 경우 1년에 **30일분 이상의 평균임금**을 지급하여야 합니다.

단, 4인 이하 사업장의 경우 2010년 12월 1일부터 2012년 12월 31일까지는 법정퇴직금의 2분의 1을, 2013년 이후에는 법정퇴직금 전액을 지급하여야 합니다.

> 법정퇴직금 = 계속근로기간(재직일수/365) × 30일분의 평균임금

② 계속근로기간이란 입사일부터 퇴사 전일까지의 일수를 말합니다. 근로자의 퇴직은 근로계약의 종료를 의미하는 것으로 퇴사일은 계속 근로기간에 포함하지 않습니다.

보 충 계속 근로연수에 포함하여야 하는 기간

1. 근로자가 재직 중 사적(私的)사유로 인한 휴직기간이 있는 경우 그 기간도 퇴직금 산정을 위한 계속 근로연수에 포함합니다.
2. 육아휴직기간도 계속 근로연수에 포함합니다.
3. 근로자가 재직 중 병가 기간이 있는 경우에도 근로관계가 종료된 경우가 아닌 한 계속 근로연수에 포함하여야 합니다.
4. 근로자가 업무와 관련하여 해외유학을 간 경우 그 기간도 계속 근로연수에 포함합니다.
5. 본사에서 계열사로의 전출, 계열사에서 본사로의 전출은 근로관계가 단절된 것이 아니므로 계속 근로연수에 포함합니다.

보 충 입사기준일과 퇴사기준일

① 계속근로기간의 기산일은 입사일로 하되, 퇴사일은 포함하지 않습니다.
② 근로자가 퇴직의 의사표시(사표 제출)를 행하여 사용자가 이를 수리한 경우에는 수리한 때를 퇴직일로 봅니다.
③ 근로자가 사직서를 제출하였으나 사용자가 이를 수락하지 아니한 경우 1임금 지급기(그 다음 달로 통상 1개월)가 경과한 날을 퇴직일로 봅니다.

▶ 임금을 삭감한 경우 퇴직금 산정

임금 삭감분은 근로자의 임금채권에 해당하지 않으므로, 퇴직금 산정을 위한 평균임금 산정 시 임금총액에 포함되지 않습니다. 다만, 삭감전 임금으로 평균임금을 산정하기로 사용자와 근로자간 별도의 약정이 있는 경우 삭감전 금액으로 퇴직금을 산정하여야 합니다.

■ 평균임금 계산

① 평균임금이라 함은 퇴직한 날 이전 3개월간에 퇴직근로자에 대하여 지급한 임금의 총액을 그 기간의 총일수로 나눈 금액을 말합니다.
② 평균임금은 퇴직금계산 기준이 되는 임금으로 평균임금은 근로자가 일한 대가로 지급받는 일체의 금품으로 근로자에게 계속적, 정기적으로 지급되는 것은 그 명칭이 어떠하든 모두 포함됩니다. 따라서 전 직원을 대상으로 회사의 내부방침으로 일정기준에 의하여 매 월 또는 매 년 정기적. 계속적으로 지급하는 식대, 차량유지비, 전직원에게 일률적으로 지급하는 가족수당등은 평균임금에 포함됩니다.

■ 평균임금에 포함하는 임금 및 제외하여야 하는 것

① 상여금은 퇴직한 연도의 직전연도 1년간 정기 상여금총액을 계산한 다음 3개월분에 해당하는 금액을 평균임금에 산입합니다. 다만, 비정기적인 상여금 및 특별상여금 등은 포함하지 않습니다.
② 퇴직일 이전의 연장야간휴일근로에 따른 수당 및 가산수당은 모두 평균임금 산정을 위한 임금총액에 포함하여야 합니다.
③ 차량의 소유여부에 관계없이 전직원에 대하여 일률적으로 지급하는 차량유지비는 평균임금에 포함하여야 하나 차량을 소유한 직원에게만 지급하는 실비정도의 차량유지비는 평균임금 산정시 포함하지 않습니다.
④ 평균임금 계산시 소숫점 이하는 올림합니다.

▶ 퇴직금 계산 사례

사 례 퇴직금 계산 [주40시간 근무제 회사]

- 근무기간 20×1. 10. 10 ~ 20×8. 3. 5 (근무연수 6년 146일)
- 최근 3개월 임금지급내역 (차량유지비는 차량을 소유한 직원에게만 지급)

구 분	20×7년 11월	20×7년 12월	20×8년 1월	20×8년 2월
기 본 급	1,500,000	1,500,000	1,700,000	1,700,000
직 책 수 당	300,000	300,000	300,000	300,000
연장근로수당	250,000	400,000	180,000	330,000
차 량 유 지 비	200,000	200,000	200,000	200,000

- 20×7. 3. 5 ~ 20×8. 3. 4 기간 상여금 지급액 : 6,000,000원
- 20×7. 3. 5 ~ 20×8. 3. 4 기간 연장근로수당 :   53,090원
- 평균임금 산정기간 : 20×7. 12. 5 ~ 20×8. 3. 4 (90일)
- 3개월 간 평균임금의 계산 기간 (퇴직한 날 이전 3개월 간)
  20×8. 03. 01 ~ 20×8. 03. 04 / 20×8. 02. 01 ~ 20×8. 02. 28
  20×8. 01. 01 ~ 20×8. 01. 31 / 20×7. 12. 05 ~ 20×7. 12. 31

임금산정 기 간	20×7.12. 5 20×7.12.31	20×8.1. 1 20×8.1.31	20×8.2. 1 20×8.2.28	20×8.3. 1 20×8.3. 4	합 계
① 일 수	27	31	28	4	90
② 기 본 급	1,306,450	1,700,000	1,700,000	219,350	4,925,800
③ 직책수당	261,290	300,000	300,000	38,710	900,000
④ 연장근로수당	250,000	400,000	300,000	50,000	1,000,000

[연차수당 및 상여금 계산]

⑤ 상 여 금	6,000,000원(퇴직전 1년간 상여금총액) × 3/12	1,500,000
⑥ 합 계	② + ③ + ④ + ⑤	8,325,800
⑦ 평균임금	⑥합계(8,325,800) ÷ ① 일수(90) = 93,881	92,509

- 평균임금계산시 소숫점 이하는 올림합니다.
- 퇴직금 계산금액(㉮ + ㉯) 17,761,728원
  ㉮평균임금(92,509) × 근속연수(6년) × 30일 = 16,651,620
  ㉯평균임금(92,509) × 1년 미만 일수(146/365) × 30일 = 1,110,108

▶ 퇴직자에 대한 연차수당 및 퇴직금 계산시 포함하여야 하는 연차수당

근로자가 퇴직하는 경우 미사용연차에 대하여 연차수당을 지급하여야 하며, 퇴직전 1년이내에 지급한 연차수당은 평균임금에 포함되어 퇴직금을 계산할 때 반영하여 주어야 합니다.

▶ 고용노동부 지침 ; 연차유급휴가청구권·수당·미사용수당과 관련된 지침(임금근로시간정책팀-3295, 2007.11.5)

(1) 퇴직하기 전 이미 발생한 연차유급휴가 미사용수당
퇴직 전전년도 출근율에 의하여 퇴직 전년도에 발생한 연차유급휴가 중 미사용하고 근로한 일수에 대한 연차유급휴가미사용 수당액의 3/12을 퇴직금 산정을 위한 평균임금 산정 기준 임금에 포함.

(2) 퇴직으로 인해 비로소 지급사유가 발생한 연차유급미사용수당
퇴직전년도 출근율에 의하여 퇴직년도에 발생한 연차유급휴가를 미사용하고 퇴직함으로써 비로소 지급사유가 발생한 연차유급휴가미사용수당은 평균임금의 정의상 산정사유 발생일 이전에 그 근로자에 대하여 지급된 임금이 아니므로 퇴직금 산정을 위한 평균임금 산정 기준임금에 포함되지 아니함.

[사례] 20×4년 4월 1일 입사자가 20×7년 11월 30일자 퇴직을 할 경우 퇴직금 계산시 반영해야할 연차미사용수당은?
(1) 퇴직 시 평균임금으로 반영해주어야 할 연차미사용수당과 금액
① 20×5.4.1. ~ 20×6.3.31까지 80퍼센트 이상 근무를 한 경우 발생 연차 휴가일수는 15일입니다.

② 발생한 15일의 연차휴가를 20×6.4.1. ~ 20×7.3.31까지 5일의 연차휴가를 사용한 경우 미사용한 연차휴가 10일에 대해서는 휴가청구권이 소멸되는 마지막 월의 통상임금을 기준으로 익월에 미사용수당으로 지급하여야 하며, 통상 급여지급일에 지급합니다. 따라서 20×7년 4월 급여지급일에 10일의 연차수당을 지급하여야 하며, 이때 지급한 10일의 연차수당은 근로자가 20×7.11.30일 퇴직시 퇴직금산정을 위한 평균임금에 해당되어 반영해주어야 합니다. 즉, 10일의 연차미사용수당금액/12개월×3개월분의 연차수당금액은 평균임금으로 퇴직금계산시 반영을 하여야 합니다.

(2) 퇴직 시 평균임금으로 반영이 안 되는 연차미사용수당과 금액
① 해당 근로자는 20×6.4.1~20×7.3.31.까지 80퍼센트 이상 근무한 경우 15일의 연차가 발생합니다.
② 15일의 연차는 20×7.4.1~20×8.3.31.까지 사용할 수 있으나 근로자가 20×7.11.30. 퇴직을 하게 되어 20×7.4.1~20×7.11.30.까지 사용한 연차를 공제한 후 잔여 미사용연차에 대해서는 퇴직일로부터 14일 이내에 지급해야 합니다.

예를 들어 20×7.4.1~20×7.11.30.까지 사용한 연차가 2일이면 13일의 미사용한 연차가 발생하게 되므로 13일에 해당하는 연차미사용수당을 퇴직일로부터 14일 이내에 지급하여야 합니다.
이때 지급하는 연차수당은 단지 지급의무가 발생할 뿐 해당 수당금액을 퇴직금 산정을 위한 평균임금에는 포함하지 않습니다.
한편, 연차미사용수당의 경우 평균임금 산정하여야 할 사유가 발생한 때로부터 이전 12개월 내에 지급한 금액(퇴직 전전년도 출근율에 의하여 퇴직 전년도에 발생한 연차유급휴가 중 미사용하고 근로한 일수에 대해 지급한 연차유급미사용수당액)의 3/12을 평균임금 산정기준 임금에 포함시켜야 합니다.

퇴직금 지급대상자

① 1년 이상 근로를 제공한 정규직 근로자 및 비정규직, 일용직, 임시직 및 외국인근로자 등 단, 4주간을 평균하여 1주간의 소정근로시간이 15시간 미만인 근로자에 대하여는 퇴직금을 지급할 의무가 없습니다.

② 1년 미만 근로한 근로자의 경우 퇴직금 지급의무는 없으나 회사의 퇴직금지급규정으로 지급할 수 있습니다.

③ 일용근로자의 경우에도 근로기간이 1년 이상인 경우 퇴직급여를 지급하여야 합니다.

> **보 충** 외국인 근로자 퇴직금 지급 여부
>
> 외국인취업자도 근로기준법상 임금을 목적으로 근로를 제공하는 근로자로 판단하는 것이 대법원 판례의 입장이고 이는 외국인근로자나 불법체류외국인을 불문하므로 사용자는 퇴직금 지급의 의무가 발생할 수 있으나 외국인 산업연수생의 경우에는 계약기간 동안 퇴직금지급의무가 없다는 것이 중소기업협동중앙회의 견해입니다.

퇴직금 지급기한 및 지연이자

① 사용자는 근로자가 퇴직한 경우 그 지급사유가 발생한 날부터 14일 이내에 퇴직금을 지급하여야 합니다. 다만, 그 다음 날부터 지급하는 날까지의 지연일수에 대하여 근로기준법 제37조의 규정에 의하여 연리 100분의 20의 지연이자를 지급하여야 합니다.

② 확정기여형퇴직연금에 가입한 경우로서 직원에게 지급할 퇴직금이 전액 퇴직연금으로 불입된 경우 퇴직금을 지급할 의무가 없으나 퇴직연금불입기관에 퇴사사실을 통보하여야 합니다.

③ 확정급여형퇴직연금에 가입한 경우 퇴직금을 지급할 사유가 발생한 날부터 14일 이내에 사용자는 퇴직연금사업자로 하여금 적립금의 범위에서 지급의무가 있는 급여 전액을 지급하도록 하여야 합니다. 단, 퇴직연금사업자가 지급한 급여수준이 퇴직금으로 지급하여야 할 금액에 미치지 못할 때에는 급여를 지급할 사유가 발생한 날부터 14일 이내에 그 부족한 금액을 해당 근로자에게 지급하여야 하며, 급여의 지급은 가입자가 지정한 개인형퇴직연금제도의 계정으로 이전하는 방법으로 합니다.

보 충   10인 미만 사업장 퇴직금 개인퇴직계좌 설정
근로자퇴직급여보장법 제26조(10인 미만 사업에 대한 특례) ① 상시 근로자 10인 미만을 사용하는 사업의 경우 사용자가 근로자 대표의 동의를 얻어 근로자 전원으로 하여금 제25조의 규정에 의한 개인퇴직계좌를 설정하게 한 경우에는 퇴직급여제도를 설정한 것으로 본다.

2 근로자 4인 이하 사업장 퇴직금

상시근로자수가 4인 이하인 사업장의 경우 퇴직금 지급의무가 없었으나 2010년 12월 1일 이후부터 퇴직금을 지급하여야 하며, 그 내용은 다음과 같습니다.

가 상시근로자 4인 이하 사업장 기준

① 상시 근로자수는 일정한 사업기간내의 근로자 연인원수를 동 기간의 사업장 가동 일수로 나누어 산정합니다.
근로자수가 때때로 4인 이하가 되더라도 상태적으로 보아 5인 이상이 되면 상시 5인 이상으로 판단합니다.

② 상시근로자수가 5인 이상. 미만을 반복하는 사업장에 있어 퇴직금 규정 관련 해석은 다음의 기준에 의합니다.
1. 퇴직금의 지급청구권의 발생, 평균임금의 산정, 지급청구권의 소멸시효의 기산은 모두 근로자가 퇴직하는 날
   (즉 사례의 "G")을 기준으로 합니다.
2. 계속근로년수는 전체 재직기간중에서 상시근로자수가 5인 미만인 기간, 기타 병역법에 의한 군복무기간 등을 제외한 기간(사례의 ①, ③, ⑤을 합산한 기간)으로 합니다.

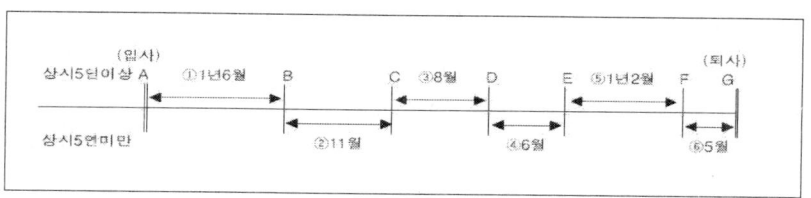

4인 이하 사업장 퇴직급여 적용 및 적용시기

① 2010년 12월 1일 이후부터 시행합니다. 단, 현재 고용 중인 계속근로자의 경우 2010년 12월 1일 이후부터 퇴직급여 산정을 위한 계속근로기간, 1년 이상 근로여부를 판단합니다.

2010년 12월 1일 부터 2012년 12월 31일 기간에 대하여는 퇴직금상당액의 100분의 50을 적용하되,
2013년 1월 1일 이후부터는 100분의 100을 적용합니다.

기 간	퇴직금으로 지급하여야 하는 금액	비고
2010.11.30 이전	퇴직금 지급의무 없음	
2010.12.01 ~ 2012.12.31	퇴직금상당액의 50%	
2013.01.01 이후	퇴직금상당액 전액	

▶ 근로자퇴직급여보장법에 의한 퇴직금상당액이란 1년 이상 계속 근로하고 퇴사하는 경우 1년에 30일분의 평균임금을 말합니다.

② 2010년 12월 1일부터 4인 이하 사업장에서 근로한 종사자가 2013년 12월 1일 퇴직할 경우 2010년 12월 1일부터 2012년 12월 31일 기간에 대하여는 퇴직금상당액의 100분의 50을, 2013년 1월 1일 이후 기간에 대하여는 100분의 100 적용합니다.

③ 실직근로자 지원제도

실업급여 개요

① 실업급여는 실직 전 18개월 중 180일 이상 고용보험에 가입한 근로자가 회사의 폐업.도산, 경영상 해고, 권고사직, 계약만료, 정년퇴직 등을 당하거나 기타 부득이한 사유로 이직한 경우에는 실업급여가 지급됩니다.

② 직장을 정당한 사유 없이 전직, 자영업 등을 위하여 스스로 그만 둔 경우에는 실업급여를 받을 수 없습니다.

③ 실업급여는 이직한 다음날로부터 12개월이 지나면 지급되지 아니하므로 실직 시에는 지체 없이 거주지 관할 고용지원센터를 방문하여 수급자격인정 신청 및 구직등록을 하여야 합니다.

④ 실업급여는 수급자격자가 지정된 실업인정일에 고용지원센터에 출석하여 실업상태에서 적극적인 재취업노력 사실을 신고하여 실업인정을 받을 경우 지급됩니다.

실업급여 등 상세 내용

고용24 [홈페이지]
1. 회원가입
2. 인증서 등록 → (상단 최우측) 전체메뉴 → 마이페이지 회원인증서관리 → 회원인증서 등록

구직급여 (실업급여)

[개정] 실업급여(구직급여) 수급기간(소정급여일수)

연령 \ 피보험기간	6개월이상 1년 미만	1~3년	3~5년	5~10년	10년 이상
50세미만	120일	150일	180일	210일	240일
50세이상 및 장애인	120일	180일	210일	240일	270일

■ 2025년 실업급여 지원금액

2025년 실업급여 하한액은 10,030원 X 0.8 x 8시간 = 64,192원으로, 하루 하한액은 64,192원, 월 기준 약 192만 원으로 책정됩니다.
반면, 상한액은 2024년과 동일한 1일 66,000원으로 유지됩니다.

■ 개별연장급여

아래 1 및 2의 요건을 충족하는 경우 소정급여일수를 초과하여 구직급여를 받을 수 있습니다. (최대 추가 수급기간 60일)
1. 실업신고일부터 구직급여의 지급이 끝날 때까지 직업안정기관의 장의 직업소개에 3회 이상 응하였으나 취업되지 않은 사람으로서 다음 각 목의 어느 하나에 해당하는 부양가족이 있는 사람
가. 18세 미만이나 65세 이상인 사람
나. 「장애인고용촉진 및 직업재활법」에 따른 장애인
다. 1개월 이상의 요양이 요구되는 환자
라. 소득이 없는 배우자
2. 급여기초 임금일액(8만원)과 본인과 배우자의 재산합계액이 각각 고용노동부장관이 정하여 고시한 기준 이하인 사람

[개별연장급여 상세 내용] (법제처 홈페이지) [검색어] 개별연장급여 행정규칙(훈령·예규·고시)

SECTION 04

퇴직금 및 퇴직연금제도
확정기여형 퇴직연금(DB)
확정급여형 퇴직연금(DC)

퇴직연금제도는 회사가 근로자의 퇴직급여를 퇴직연금사업자인 금융기관등에 위탁하여 운용한 뒤 근로자가 퇴직할 때, 연금이나 일시금으로 주는 제도로 2005년부터 사업장에 도입하도록 하였습니다. 단, 현재 퇴직연금제도는 2012년 7월 26일 이후 신설사업장을 제외하고는 임의가입제도로 기존의 퇴직금제도를(퇴직연금 불입 없이 퇴직시 계속근무연수에 30일분의 평균임금을 곱하여 계상한 금액을 퇴직금으로 지급하는 제도) 유지하여도 법적으로 문제될 점은 없습니다.

2012년 7월 26일 이후 새로 성립(합병·분할 제외)된 사업의 사용자는 근로자대표의 의견을 들어 사업의 성립 후 1년 이내에 확정급여형퇴직연금제도나 확정기여형퇴직연금제도를 설정하여야 합니다. 다만, 새로 성립한 사업장이 퇴직연금제도를 설정하지 않아도 법적 제재는 없습니다.

1 퇴직연금 도입 배경 및 개요

사업에 성공하여 재산이 많은 사람이나 공무원연금, 군인연금, 교직원연금 등의 안정적인 연금을 받을 수 있는 사람을 제외한 대다수의 서민은 근로를 할 수 없는 노후에 노후생활을 위한 충분한 자금이 없는 관계로 생계문제, 각종 질병으로 인한 병원비 부담, 주거비 부담 등의 돈 문제로 심각한 위기에 직면하게 될 것입니다. 따라서 국가는 국민들이 노후에 경제적 곤란을 겪지 않도록 제도적 장치를 마련하기 위하여 많은 노력을 기울여 왔습니다.

그 대표적인 예로 1988년 국민연금제도를 시행하여 근로자가 근로의 대가로 받는 임금에서 일정 금액을 국민연금으로 불입하도록 하고 일정 연령에 달하였을 때부터 연금형태로 받는 제도를 만든 것입니다. 지금에 와서 생각하여 보면 참으로 천만다행한 일이 아닐 수 없습니다. 국민연금제도라도 없다고 가정하면 대다수 근로자의 노후생활은 더더욱 막막할 것입니다.

다른 한편으로는 과거 근로기준법에서 규정한 퇴직금은 근로자가 직장을 그만두거나 정년퇴직을 할 때 지급하여야 하는 일종의 노후생활자금임에도 근로기준법에서 중간정산제도라는 것을 제정함으로 인하여 생활이 넉넉하지 못한 근로자가 생계비 등에 충당하기 위하여 근로기준법의 규정에 의하여 퇴직금 중간정산을 요구하게 되었고, 사업주는 퇴직금에 상당하는 금액을 미리 정산하여 주게 되면, 퇴직시 퇴직금으로 지급하여야 하는 금액 부담이 줄어들게 되어 대부분 회사의 경우 중간정산을 실시하여 근로자에게 지급을 함으로서 근로자가 퇴직을 하더라도 퇴직금을 받을 수 있는 금액이 얼마되지 않아 노후자금을 마련하는데 상당한 문제가 발생한 것입니다. 물론 중간정산을 받아 주택을 마련하거나 중간정산 자금으로 투자를 잘 하여 자금을 증식한 경우 또는 회사가 부도가 나거나 폐업하여 중간정산을 받지 않았더라면 그나마 퇴직금까지 받을 수도 없었던 예외적인 경우를 제외하고는 퇴직금중간정산제도의 제정은 참으로 잘못된 법이 아닐 수 없습니다.

이제 베이비 붐 시대(전후에 태어난 사람을 뜻하며, 나라에 따라 연령대가 다르나 우리나라의 경우 55년에서 64년 사이에 태어난 약 900만명이 해당됨)에 출생한 많은 사람들이 직장을 은퇴하는 시점이 되다보니 정부는 많은 고민을 하게 된 것입니다. 이러한 이유로 근로자의 퇴직금상당액을 연금제도로 전환하기 위하여 제정한 법이 「근로자퇴직급여보장법」입니다.

이 법의 제정이 많이 늦은 감이 있으나 그래도 국민들의 노후생활 보장을 위하여 제도적 장치를 마련한 점은 다행한 일입니다. 국민연금만으로는 노후생활자금으로 충분하지 않으므로 근로자 여러분은 사용자로 하여금 사업장이 퇴직연금에 가입하도록 요구하여야 할 것입니다.

질문	퇴직연금제도 도입으로 인하여 근로자에게 실질적인 도움이 되는 점은 무엇인가요?
답변	중소사업장에서 빈번하게 직장을 옮기는 근로자에게는 사업주가 퇴직금상당액을 퇴직연금으로 불입함으로 이러한 근로자에게는 그 도입 효과가 크게 나타날 것으로 예상됩니다. 다만, 사업주의 퇴직금 지급 능력이 충분한 대기업, 공기업에서 장기 근속하는 근로자의 경우에는 비교적 효과가 크지 않을 수도 있습니다.

질문	퇴직연금제도가 기존의 퇴직금제도보다 근로자나 사업주에게 좋은 점은 무엇인지요?
답변	퇴직연금제도는 기존의 퇴직금제도와 비교해 많은 장점을 가지고 있습니다. 첫째, 퇴직연금사업자와의 자산관리 계약을 통해 적립금을 사외에 불입함으로서 퇴직금이 보장됩니다. 둘째, 근로자 입장에서 이직, 퇴직, 중간정산 등으로 지급받은 퇴직금을 생활비, 자녀 교육비, 부채 상환 등으로 소진하는 경우가 많았습니다만, 개인퇴직연금으로 적립하여 두는 경우 노후 생활 자금으로 활용할 수 있습니다. 셋째, 부담금의 적립단계, 운용단계, 퇴직급여의 지급단계 중 지급단계에서만 세금이 부담(연금소득으로 과세)되기 때문에 노후 생활 자금을 마련하는데 유리하며, 사용자가 퇴직연금으로 부담 또는 불입하는 금액이외에 근로자 본인이 노후에 보다 더 많은 연금을 지급받기 위하여 추가적으로 개인형퇴직연금(연간 한도액 1800만원)에 가입하여 불입할 수 있으며, 이 경우 다른 연금저축과 합산하여 연간 400만원까지 소득공제를 받을 수 있습니다. 결론적으로 퇴직연금제가 도입되면 근로자 측면에서는 퇴직금 확보 및 노후 소득보장이 되는 것이며, 사업주 측면에서는 근로자가 퇴직시 퇴직금을 일시에 지급하여야 하는 부담이 감소됩니다.

질문	퇴직연금제도가 도입되면 현행 퇴직금제도는 없어지나요?
답변	퇴직연금제도가 도입되더라도 퇴직금 제도가 없어지는 것은 아닙니다. 현행 퇴직금제도를 그대로 두고, 퇴직연금제도를 도입하여 둘 중 하나를 선택하도록 하고 사업장별로 실시 여부를 사업장별로 노사가 합의해서 결정할 수 있습니다. 노조가 있는 경우에는 노조의 동의, 노조가 없는 경우에는 근로자 과반수의 동의가 필요합니다. 따라서 퇴직금제도는 계속 존속하는 것이며, 노사가 합의하는 경우에만 퇴직금제도 대신에 퇴직연금제도를 시행할 수 있는 것입니다.

질문	퇴직보험제도와 퇴직연금제도의 차이점은 무엇인가요?
답변	근로자퇴직급여보장법 시행 이전에는 퇴직금의 사외적립(퇴직금에 상당하는 금액의 자금 확보를 위하여 예금 또는 보험으로 적립하는 것)은 퇴직보험 또는 퇴직신탁제도에 의하여 적립을 하였습니다만, 퇴직금의 연금화를 위하여 근로자퇴직급여보장법을 제정하였으며, 2005년 이후 퇴직연금에의 가입을 제도화하고 있습니다.

질문	퇴직연금 시행전 근무기간의 퇴직금은 어떻게 지급하여야 하나요?
답변	퇴직연금제도 시행 이전에 근무한 기간에 대해서는 노사가 사업장 실정에 맞추어 규약에 자율적으로 정할 수 있습니다. 첫째, 과거 근무기간도 퇴직연금 제도에서 근속연수로 인정하여 소급 적용하는 방안이 있습니다. 이 경우 퇴직급여제도가 퇴직연금제도로 일원화되고, 근로자의 퇴직급여에 대한 수급권이 확보된다는 장점이 있으나, 사용자에게는 퇴직연금 시행전 발생한퇴직금의 일시 불입에 따른 자금부담 문제가 있을 수 있습니다. 둘째, 퇴직연금제도 도입 이후의 근속연수만을 인정하며 근로자 퇴직시에 퇴직연금과 퇴직금을 이원화하여 지급하는 방안이 있습니다. 이 경우 퇴직급여를 퇴직연금제도시행시 일시에 불입하여야 하는 부담을 줄이는 효과가 있는 반면에, 퇴직연금제도와 퇴직금제도의 이원화된 퇴직급여제도를 유지해야 하는 부담 및 퇴직연금제도 시행전의 퇴직금 상당액이 100% 보장되지 않는다는 단점이 있습니다. 셋째, 과거 근무 기간에 대한 퇴직급여는 중간 정산 등의 방법으로 일시금으로 지급하고 새롭게 퇴직연금 제도를 실시하는 방법입니다.

▶ **근로자 수에 따른 퇴직연금 의무가입 연도**
- 2016년 근로자 300인 이상 사업장
- 2017년 근로자 300~100인 사업장
- 2018년 근로자 100~30인 사업장
- 2019년 근로자 30~10인 사업장
- 2022년 근로자 10인 미만 사업장

② 퇴직급여제도의 설정

사용자는 퇴직하는 근로자에게 급여를 지급하기 위하여 다음의 **퇴직급여제도** 중 하나 이상의 제도를 설정하여야 하며, 퇴직급여제도를 설정하는 경우에 하나의 사업에서 급여 및 부담금 산정방법의 적용 등에 관하여 차등을 두어서는 안됩니다.

- 확정급여형퇴직연금제도
- 확정기여형퇴직연금제도
- 개인형퇴직연금제도(근로자 10인 이하 사업장의 경우 선택 가입)
- 기존의 퇴직금제도(근로자 퇴직시 퇴직금 지급)

▶ **퇴직급여제도를 설정하지 않아도 되는 근로자**

1. 계속근로기간이 1년 미만인 근로자
2. 1주간의 소정근로시간이 15시간 미만인 근로자

질문	직장을 옮기는 경우 퇴직연금을 계속 불입하는 방법이 있나요?
답변	현행 퇴직금 제도에서는 근로자가 퇴사할 경우 14일 이내에 퇴직일시금을 근로자에게 지급하도록 하고 있습니다. 따라서 이직이 잦은 근로자나 일정 기간 실직을 한 근로자의 입장에서는 퇴직금 재원이 노후 생활 자금으로 활용되지 못하고 중간에 생활자금 등으로 소진되고 있습니다. 개인퇴직연금제도(IRP)는 이러한 근로자의 직장 이동시에도 퇴직급여 재원이 계속 적립되어 노후 소득 보장 기능을 할 수 있도록 통산 기능을 하는 역할을 합니다.

■ 퇴직급여제도 요약표

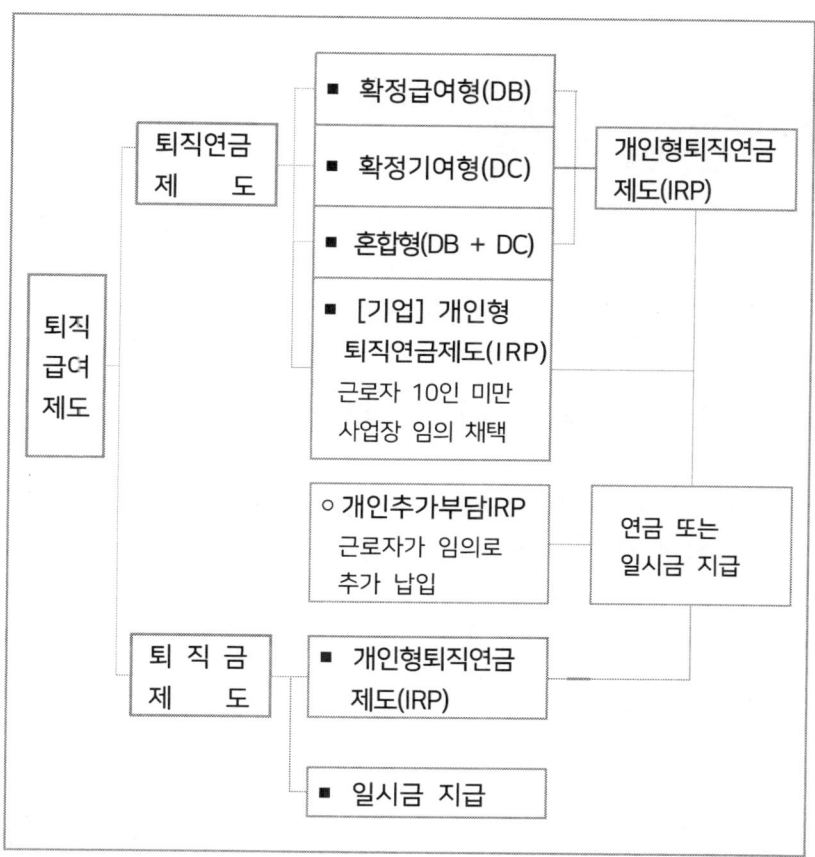

▶ 퇴직금제도 : 기존의 퇴직금 지급제도를 말하며, 근로자가 퇴사시 본인의 선택에 따라 퇴직금을 일시불로 지급하거나 개인형퇴직연금으로 이전할 수 있습니다. 개인형퇴직연금으로 이전한 경우 퇴직소득세는 징수 및 납부하지 않습니다.

▶ 퇴직금 이전 : 퇴직연금제도를 실시하고 있는 회사는 직원이 퇴사하는 경우 사용자는 퇴직금상당액을 개인형퇴직연금으로 이전하여야 하며, 퇴사한 근로자는 연금으로 지급받거나 일시금으로 수령할 수 있습니다.

③ 퇴직금제도 종류

ⓐ 기존의 퇴직금제도 설정(법 제8조 ①)

퇴직연금에 가입하지 아니한 사용자는 계속근로기간 1년에 대하여 30일분 이상의 평균임금을 퇴직금으로 퇴직 근로자에게 지급할 수 있는 제도를 설정하여야 합니다.

▶ 퇴직연금제도 미설정에 따른 처리

사용자가 확정급여형퇴직급여제도나 확정기여형퇴직급여제도 또는 개인형퇴직연금제도를 설정하지 아니한 경우에는 기존의 퇴직금제도를 설정한 것으로 봅니다.

ⓐ 확정기여형퇴직연금제도(DC)

확정기여형(Defined Contribution) 퇴직연금제도는 퇴직급여의 지급을 위하여 사용자가 부담하여야 할 부담금의 수준이 사전에 결정되어 있는 퇴직연금으로 사용자는 연간 임금총액의 12분의 1에 상당하는 금액 이상을 퇴직연금사업자에게 확정기여형퇴직연금으로 불입을 하여야 합니다.

확정기여형퇴직연금제도에서는 사용자가 부담한 퇴직연금적립금에 대하여 근로자가 그 운용에 대한 책임을 지며, 근로자는 퇴직연금사업자가 제시하는 운용방법 가운데서 선택하여 운용하면서 그 결과에 대해서 전적으로 근로자 본인이 책임을 져야 합니다. 따라서 근로자 본인은 퇴직연금으로 불입되는 적립액을 잘 운용하여 수익을 높여야 퇴직 후 연금이 증가하므로 퇴직연금사업자가 제시하는 금융상품에 대하여 충분한 이해가 필요하며, 재테크에 대하여 적극적인 관심을 가져야 합니다. 확정기여형퇴직연금제도에서는 퇴직금상당액 전액이 적립금으로 적립되므로 근로자 입장에서는 기업이 도산해도 수급권이 100% 보장됩니다.

확정기여형은 사용자가 매 년 임금의 12분의 1 이상을 정산하여 연금으로 불입함으로서 사실상 중간정산(기존의 중간정산은 근로자에게 정산금을 직접 지급하나 퇴직연금제도의 경우 적립된 금액을 근로자가 퇴사하기 전에는 인출할 수 없는 것만 다름)에 해당하므로 임금이 계속 상승하는 근로자 입장에서는 확정급여형보다 불리할 수도 있으나 중간정산 형태로 지급받은 퇴직금의 투자수익이 임금상승률보다 높을 경우에는 확정기여형퇴직연금제도가 유리할 수도 있습니다.

기업 입장에서 매 년의 임금을 기준으로 퇴직금상당액을 정산하여 근로자 명의의 퇴직연금에 불입함으로서 임금이 상승하는 경우 확정급여형퇴직연금보다는 근로자에 대한 퇴직금부담이 줄어드는 결과가 됩니다.

▶ 확정기여형퇴직연금의 가입기간

확정기여형퇴직연금의 가입기간은 퇴직연금제도의 설정 이후 해당 사업에서 근로를 제공하는 기간으로 하며, 해당 퇴직연금제도의 설정 전에 해당 사업에서 제공한 근로기간에 대하여도 가입기간으로 할 수 있습니다. 단, 퇴직금을 미리 정산한 기간은 제외합니다.

▶ 퇴직급여수준

연간 임금총액의 12분의 1에 상당하는 금액 이상을 퇴직금으로 적립을 하여야 합니다. "임금"이란 사용자가 근로의 대가로 근로자에게 임금, 봉급, 그 밖에 어떠한 명칭으로든지 지급하는 일체의 금품을 말합니다. 그러나 회사의 경영성과에 따라 지급여부 및 지급액이 결정되는 소위 경영성과금은 근로자에게 직접 지급하더라도 특별한 사정이 없는 한 임금총액에는 포함하지 않습니다.

단, 정기적으로 납부해야하는 부담금 이외에 별도로 경영성과금 등을 부담금으로 추가 납부할 수 있다는 사항을 퇴직연금규약에 명시한 경우에는 임금총액에 포함하여야 합니다.

확정급여형 퇴직연금제도(DB)

확정급여형(Defined Benefit)퇴직금연금제도는 근로자가 지급받을 급여 수준이 사전에 결정(기존의 퇴직금과 같이 계속근로연수 1년에 대하여 퇴직전 평균임금의 30일분 이상 지급)되어 있는 퇴직연금을 말하며, 사용자가 퇴직급여와 관련하여 부담한 적립금의 운용을 책임지는 형태입니다. 따라서 적립금의 운용실적이 좋지 않은 경우 손실이 발생할 수 있으며, 원금 손실의 경우에도 사용자가 지급하여야 하는 퇴직금은 퇴직전 평균임금을 기준으로 지급을 하여야 합니다.

즉. 확정급여형은 사용자가 적립금의 운용에 대하여 전적으로 책임을 지므로 운용수익의 좋고 나쁨에 관계없이 퇴사하는 근로자에게 퇴직전 평균임금을 기준으로 퇴직금을 지급하게 되므로 근로자는 퇴직 후 일정한 금액을 받을 수 있어서 안정적입니다.

■ 과거근로기간에 대한 확정급여형퇴직연금제도의 최소적립비율 고시
<기간: 2022년 1월 1일 이후의 기간>

과거근로기간 연수 가입 후 연차	1년 미만	1년 이상 3년 미만	3년 이상 6년 미만	6년 이상 10년 미만	10년 이상
1차 년도	100분의 60	100분의 30	100분의 20	100분의 15	100분의 12
2차 년도	100분의 70	100분의 60	100분의 40	100분의 30	100분의 24
3차 년도	100분의 80	100분의 70	100분의 60	100분의 45	100분의 36
4차 년도	100분의 90	100분의 80	100분의 70	100분의 60	100분의 48
5차 년도	100%	100분의 90	100분의 80	100분의 70	100분의 60
6차 년도	-	100%	100분의 90	100분의 80	100분의 70
7차 년도	-	-	100%	100분의 90	100분의 80
8차 년도	-	-	-	100%	100분의 90
9차 년도	-	-	-	-	100%

▶ 가입기간

확정급여형퇴직연금의 가입기간은 퇴직연금제도의 설정 이후 해당 사업에서 근로를 제공하는 기간으로 하며, 해당 퇴직연금제도의 설정 전에 해당 사업에서 제공한 근로기간에 대하여도 가입기간으로 할 수 있습니다. 단, 퇴직금을 미리 정산한 기간은 제외합니다.

▶ 퇴직급여수준

확정급여형퇴직연금제도를 시행하고 있는 사용자는 근로자가 1년 이상 계속 근로하고 퇴사하는 경우 1년에 30일분 이상의 평균임금을 지급하여야 합니다. 계속근로연수란 입사일부터 퇴사일까지의 일수를 말하며, 입사일을 포함합니다. 평균임금이란 퇴사한 날 이전 3개월 동안에 그 근로자에게 지급된 임금의 총액을 그 기간의 총일수로 나눈 금액으로 정기적, 계속적, 반복적으로 지급하는 수당등을 포함합니다.

▣ 퇴직금제도과 퇴직연금제도 비교

구 분	퇴직금	확정급여형	확정기여형
비용부담주체	사용자	사용자	사용자
퇴직급여 형태와 수준	일시금	연금 또는 일시금 (기존의 퇴직금과 같음)	연금 또는 일시금 (퇴직연금불입금의 운용실적에 따라 기존의 퇴직금보다 많거나 적을 수 있음)
퇴직금 수준	퇴직금 확정	퇴직금 확정	적립금 운용결과에 따라 변동됨
비용부담 수준	근속기간 1년 30일분 평균임금	1년 30일분 평균임금	매년 임금 총액의 1/12
운용주체	해당 없음	사용자	근로자
수수료부담	없음	사용자	사용자
담보대출	가능(전액 가능)	50% 한도 가능	50% 한도 가능
중간정산	주택구입등 특정한 사유시 가능	할 수 없음	특정한 사유가 있는 경우 중도인출 가능
적립방식과 수급권보장	사내적립, 불안정	부분사외적립(100분의 60 이상)	전액사외 적립, 보장
개인형퇴직연금이전	선택	의무이전	의무이전
퇴직소득 지급명세서	사용자가 제출	사용자	퇴직연금사업자
퇴직소득세 원천징수	사용자 단, IRP이전시 과세이연	IRP이전으로 과세이연	IRP이전으로 과세이연

■ 확정급여형퇴직연금과 확정기여형퇴직연금 비교

구 분	확정기여형(DC)	확정급여형(DB)
개 념	• 노사가 사전에 부담할 기여금을 확정 • 근로자가 일정한 연령(55세)에 달한 때에 그 운용결과에 기초하여 퇴직연금사업자가 연금형태 지급	• 노사가 사전에 급여 수준내용을 약정 • 근로자가 일정한 연령(55세)에 달한 때에 예치된 퇴직연금을 기초로 퇴직연금사업자가 연금형태로 급여지급
기 여 금	확정(연간 임금총액 1/12 이상)	1년당 30일분 평균임금 이상
급 부	운영실적에 따름	퇴직금 지급액 확정
적 립 금 운 용	적립금 운용에 대한 권한과 책임이 근로자에게 있음	적립금 운용에 대한 권한과 책임이 사용자에게 있음
운 영 주 체	근로자	사업주
적 립 금 수 익 자	근로자	사업주
수 수 료 부 담 자	사업주	사업주
위 험 부 담	물가, 이자율변동 근로자 부담	물가, 이자율변동 회사 부담
지 급 보 장	운용방법 원금보장상품 60% 이상 포함 및 동 제도시행 초기에는 안정적 운영지도[주식 직접투자금지, 간접투자상품(수익증권)의 주식 등 위험자산 편입비율 40%로 제한]	책임준비금제도 건전성감독 지급보장장치 마련 등
기 업 부 담	축소 불가	수익률이 높을 경우 축소 가능
선 호 계 층	단기근속자 및 젊은 층	장기근속자
주 요 대 상 (예 상)	연봉제, 중·소기업	대기업, 기존 사외적립기업

개인형 퇴직연금제도(IRP)

과거 퇴직연금제도에서는 근로자가 퇴사하는 경우 일시불로 퇴직금을 지급하였으나, 2022년 4월 14일 이후에는 만55세 이상이거나 퇴직급여가 300만원 이하인 특정한 경우 이외에는 퇴직금을 지급하는 경우 퇴직금전액을 개인형퇴직연금계좌로 이전하여야 합니다.

▶ **근로자 본인 퇴직연금 추가 납입제도**

근로자 본인이 연간 1800만원 한도내에서 별도로 퇴직연금을 불입할 수 있으며, 이 경우 국민연금외의 다른 연금저축과 합하여 연간 900만원을 한도로 불입금액의 12% 또는 15%를 근로소득 연말정산시 세액공제 받을 수 있습니다.

[개정 세법] 연금계좌 세제혜택 확대 (소득법 §59의3, §64의4 신설,)

종 전	개 정

□ 연금계좌 세액공제 대상 납입한도
  ○ 연금저축 + 퇴직연금
	□ 세액공제 대상 납입한도 확대 및 종합소득금액 기준 합리화
	  ○ 연금저축 + 퇴직연금

총급여액 (종합소득금액)	세액공제 대상 납입한도 (연금저축 납입한도)		세액공제	총급여액 (종합소득금액)	세액공제 대상 납입한도(연금저축 납입한도)	세액공제율
	50세미만	50세이상				
5,500만원이하 (4,000만원)	700만원 (400만원)	900만원* (600만원*)	15%	5,500만원 이하 (4,500만원)	900만원 (600만원)	15%
1.2억원 이하 (1억원)				5,500만원 초과 (4,500만원)		12%
1.2억원 초과 (1억원)	700만원 (300만원)		12%			

<적용시기> (공제 대상 납입한도) '23.1.1. 이후 납입하는 분부터 적용

□ 연금계좌 납입한도 　○ 추가납입 가능 　　- ISA계좌* 만기 시 전환금액 　　　* 개인종합자산관리계좌 　　＜추 가＞	□ 연금계좌 추가납입 확대 　○ 추가납입 항목 신설 　　- (좌 동) 　- 1주택 고령가구*가 가격이 더 낮은 주택으로 이사한 경우 그 차액(1억원 한도) 　*부부 중 1인 60세 이상
□ 연금계좌에서 연금수령 시 과세방법 　○ 1,200만원 이하 : 저율·분리과세 또는 종합과세 　○ 1,200만원 초과 : 종합과세	□ 연금소득 1,200만원 초과 시에도 분리과세 선택 가능 　○ (좌 동) 　○ 종합과세 또는 15% 분리과세

(추가납입) '23.1.1. 이후 주택을 양도하는 분부터 적용
(연금수령 시 분리과세 선택) '23.1.1. 이후 연금수령하는 분부터 적용

두 종류 이상 퇴직연금제도 설정

사용자는 한 사업장에서 확정급여형 및 확정기여형퇴직금제도를 병행하여 설정할 수 있으며, 부담금 수준은 다음 각 호에 따릅니다.

1. 확정급여형퇴직연금제도의 급여: 급여(계속근로기간 1년에 대하여 30일분의 평균임금)에 확정급여형퇴직연금규약으로 정하는 설정비율을 곱한 금액
2. 확정기여형퇴직연금제도의 부담금: 연간 임금총액의 12분의 1 이상에 확정기여형퇴직연금규약으로 정하는 설정비율을 곱한 금액

4 퇴직금 지급

◎ 기존의 퇴직금 제도를 운용하는 회사

2022년 4월 14일부터 퇴직연금에 가입하지 않은 근로자가 퇴직하는 경우 회사는 퇴직금 지급사유가 발생한 날로부터 14일 이내(주말 및 공휴일을 포함하여 14일 이내)에 개인형IRP 계좌로 퇴직금을 이전해야 합니다. 다만, 55세 이상 나이에 퇴직하거나, 퇴직금이 300만원 이하인 경우 개인형IRP에 이전하지 않아도 됩니다.

▶ 퇴직금 개인형퇴직연금(IRP) 이전 의무

2022. 4. 14. 근로자퇴직급여보장법 시행령이 개정되어 퇴직연금에 가입하지 않은 근로자가 퇴직 시 근로자가 지정한 개인형 퇴직연금계좌로 퇴직금을 지급하여야 합니다. 사용자는 근로자에게 퇴직금 수령을 위한 개인형 퇴직연금계좌를 개설하도록 안내하고, 기한 내에 퇴직금을 세전금액으로 IRP계좌로 입금해야 합니다.

[Q1] 언제부터 IRP계정으로 이전해야 하나요? 소규모 개인 사업장에도 적용되는지요? 계도기간은 언제까지인지요?
법 시행일인 2022. 4. 14. 이후 퇴직한 근로자부터 IRP계정으로 이전하는 방식으로 퇴직금을 지급해야 합니다. 5인 미만 소규모 사업장에도 적용되며 계도기간 없이 바로 시행됩니다.

[Q2] 퇴직금을 IRP계정으로 이전 시 퇴직소득세를 원천징수하나요?
퇴직금 전액을 IRP계정으로 이전하는 경우, 퇴직소득세를 원천징수하지

않고 퇴직금 전액을 지급합니다. 퇴직소득세는 IRP운용기관에서 가입자에게 연금 또는 일시금을 지급하는 시점까지 이연됩니다.

[Q3] 재직자도 IRP계정은 개설할 수 있나요?
IRP계좌는 근로자의 퇴직금을 계좌에 적립해 연금 등 노후 생활자금으로 활용할 수 있도록 하는 제도로, 퇴직하지 않더라도 근로자는 언제든지 퇴직연금을 취급하는 은행, 증권사, 보험사 등에서 개설할 수 있습니다.

[Q4] 중간정산한 퇴직금도 반드시 IRP계정으로 지급해야 하나요?
퇴직금 중간정산은 주택구입 등 법에서 열거한 사유에 한하여 긴급한 생활자금이 필요한 근로자에게 퇴직금을 미리 정산하여 지급하는 것으로 퇴직금 중간정산제도의 취지상 IRP계정으로 지급하지 않아도 무방합니다.

[Q5] 퇴사하는 모든 근로자의 퇴직금을 IRP계정으로 지급해야 하나요?
다음에 해당하는 경우 IRP계정으로 지급하지 않아도 됩니다.
1. 만 55세 이후 퇴직하는 경우
2. 퇴직급여액이 300만원 이하인 경우
3. 근로자가 사망한 경우
4. 외국인 근로자가 국외 출국한 경우
5. 타 법령에서 퇴직소득을 공제할 수 있도록 한 경우(타 법령에서 퇴직소득을 공제할 수 있도록 한 경우란 취업 후 학자금 상환 특별법 제26조에 따라 학자금을 공제하는 경우를 말합니다.)

[Q6] 퇴직자가 신용불량 등의 사유를 들어 퇴직금을 본인에게 직접 지급을 요구하면서 IRP계좌를 개설하지 않았습니다. 이 경우 퇴사자에게 퇴직금을 직접 지급해도 되는지요?
사용자는 퇴직금의 IRP계정으로 지급의무를 성실히 이행하여야 하며,

퇴직금을 근로자의 월급 통장 등 일반 계좌로 납입하는 것은 허용되지 않습니다. 예외 사유에 해당하지 않는 한, 가입자의 신용불량 등을 이유로 하여 IRP계정으로 지급하는 것을 거부할 수 없습니다. 다만, 아직까지 IRP계정으로 이전하지 않고, 직접 근로자에게 퇴직금을 지급하는 것에 대한 벌칙규정은 없습니다.

확정급여형퇴직연금제도를 운용하는 회사

확정급여형퇴직연금제도에서 직원이 퇴사하는 경우 퇴직금상당액을 가입자가 지정한 개인형퇴직연금으로 이전하여야 합니다. 개인형퇴직연금으로 이전하는 경우 퇴직소득세는 연금지급시 연금소득세로 과세이연되어 퇴직소득세를 징수 및 납부하지 않습니다.

한편, 퇴사한 근로자는 사용자가 개인형퇴직연금으로 이전한 퇴직금을 해지하여 일시금으로 수령할 수 있습니다단, 일시금으로 수령하는 경우 과세이연된 퇴직소득세는 퇴직연금사업자가 징수·납부합니다.

확정기여형퇴직연금제도를 운용하는 회사

확정기여형퇴직연금제도에서 가입자는 퇴직할 때에 받을 급여를 갈음하여 그 운용 중인 자산을 가입자가 설정한 개인형퇴직연금제도의 계정으로 이전해 줄 것을 해당 퇴직연금사업자에게 요청할 수 있으며, 가입자의 요청이 있는 경우 퇴직연금사업자는 그 운용 중인 자산을 가입자의 개인형퇴직연금제도 계정으로 이전하여야 합니다.

SECTION 05

퇴직연금의 세무회계 퇴직소득세 과세이연

확정기여형퇴직연금에 불입하는 경우 불입하는 시점에 비용으로 처리할 수 있으며, 직원 퇴사시 퇴직소득에 관한 신고 업무는 퇴직연금운용사업자가 처리하게 됩니다.
확정급여형퇴직연금에 불입하는 경우 직원 퇴사시 퇴직금상당액을 계산하여 개인형퇴직연금계좌로 이전하여야 합니다.

1 퇴직연금 비용처리 및 원천징수 개요

Q 퇴직연금부담금의 비용처리

퇴직연금에 가입하는 경우 기존의 퇴직금제도를 유지하는 경우보다 세금을 절약할 수 있는 효과가 있으며, 그 내용은 다음과 같습니다.

퇴직금의 경우 예를 들어 살펴보면, 기업은 종사직원이 퇴사할 경우 통상 1년 근속에 1개월 정도의 급여에 해당하는 금액을 퇴직금으로 지급하여야 하는데 직원이 모두 퇴직을 하지 않고 계속 근무하다가 회사의 구조조정 등으로 일정 시점에 많은 직원이 퇴사할 경우 그 해의 퇴직금 비용이 과다하게 계상되며, 이러한 경우 1년 단위로 손익을 계산하는 재무보고에서 매우 불합리한 손익계산이 될 것입니다.

따라서 당해 연도의 퇴직금 발생 상당액을 실제 지급하지는 않았으나 당해 연도의 비용으로 계상하여야 적절한 손익계산이 될 것입니다. 따라서 기업회계기준에서는 이러한 방법으로 당해 연도에 발생한 퇴직금상당액을 퇴직금으로 계상하여 반영하도록 하고 있습니다.

한편, 세법은 근로자의 퇴직금 보호라는 정책 목적으로 퇴직금상당액을 사외에 적립하는 경우에 한하여 퇴직급여로 비용처리할 수 있도록 규정하고 있으므로 기존의 퇴직금제도를 채택하는 기업으로서 퇴직연금에 가입하지 않은 경우 매 년 발생한 퇴직금 상당액에 대하여 비용처리를 할 수 없으며, 퇴직금을 실제 지급하는 연도에 손금산입(법인) 또는 필요경비(개인사업자)에 산입할 수 있습니다.

반면, 퇴직연금제도를 도입하고 퇴직연금을 불입하는 경우에는 세법의 규정에 의하여 불입액 전액을 비용처리할 수 있으므로 기존의 퇴직금제도를 채택하고 있는 기업에 비하여 법인세 또는 종합소득세(개인사업자)를 적게 낼 수 있는 것입니다.

퇴직금 추가 지급시 퇴직소득세 원천징수

① 확정기여형 퇴직연금(DC)을 설정한 경우로서 사용자가 직접 별도로 추가 지급하는 퇴직금이 있는 경우 **그 지급분**에 대하여는 회사가 퇴직소득세를 원천징수하고 '퇴직소득지급명세서'를 퇴직연금사업자에게 통보하고, 다음연도 3월 10일까지 관할세무서에 해당 '퇴직소득지급명세서'를 제출하여야 합니다.

한편, 퇴사자가 퇴직연금을 해지하는 경우 퇴직연금사업자는 퇴직연금으로 지급하는 퇴직금과 사용자가 지급한 퇴직금을 합산하여 퇴직소득세를 원천징수합니다.

② 근로자가 퇴사하는 때에 퇴직연금일시금을 지급한 이후 추가로 퇴직금을 직접 지급하는 경우에는 퇴직연금사업자로부터 퇴직소득원천징수영수증을 통보받아 퇴직연금일시금과 추가 지급되는 퇴직금을 합산하여 퇴직소득세를 재계산하여야 합니다.

이 경우 원천징수이행상황신고서의 지급액란에는 추가 지급 퇴직금을 기재하고, 세액란에는 퇴직소득세 재계산액을 기재하는 것이며, 퇴직소득원천징수영수증 작성시 퇴직연금사업자가 지급한 분은 종(전)근무지란에 기재하고 회사의 지급분은 주(현)근무지란에 기재합니다.

③ 확정급여형퇴직연금(DB)제도에서 퇴직연금일시금을 지급하는 경우에는 퇴직연금제도를 설정한 사용자가 소득세를 원천징수하는 것입니다. 따라서 회사가 추가 지불하는 퇴직금이 있는 경우 회사가 원천징수의무를 지는 것이며, 이 경우 퇴직소득을 합산하여 퇴직소득세를 신고 및 납부하여야 합니다.

퇴직금 중간정산

근로자가 「근로자퇴직급여 보장법」 제8조 제2항에 따라 주택구입 등의 사유(근로자퇴직급여 보장법 시행령 제3조의 각 호의 어느 하나에 해당하는 사유)로 퇴직급여를 중간정산을 요구하는 경우에만 현실적인 퇴직에 해당하여 퇴직급여에 대하여 손금산입할 수 있는 것입니다.

따라서 퇴직급여를 중간정산에 해당하지 않는 사유로 중간정산하여 지급하는 경우 개인사업자의 경우 필요경비에 산입할 수 없으며, 법인은 업무무관 가지급금으로 보아 손금불산입하고, 현실적인 퇴직시점까지 인정이자를 계상하여 법인의 익금에 산입하고 근로자에 대한 상여로 처분을 하여야 합니다.

▶ 퇴직금중간정산을 할 수 있는 사유

1. 무주택자인 근로자가 본인 명의로 주택을 구입하는 경우
2. 무주택자인 근로자가 주거를 목적으로 전세금 또는 보증금을 부담하는 경우. 이 경우 근로자가 하나의 사업에 근로하는 동안 1회로 한정한다.
3. 근로자가 6개월 이상 요양을 필요로 하는 다음 각 목의 어느 하나에 해당하는 사람의 질병이나 부상에 대한 의료비를 해당 근로자가 본인 연간 임금총액의 1천분의 125를 초과하여 부담하는 경우
   가. 근로자 본인
   나. 근로자의 배우자
   다. 근로자 또는 그 배우자의 부양가족
4. 퇴직금 중간정산을 신청하는 날부터 거꾸로 계산하여 5년 이내에 근로자가 파산선고를 받은 경우

5. 퇴직금 중간정산을 신청하는 날부터 거꾸로 계산하여 5년 이내에 근로자가 「채무자 회생 및 파산에 관한 법률」에 따라 개인회생절차거시 결정을 받은 경우
6. 사용자가 기존의 정년을 연장하거나 보장하는 조건으로 단체협약 및 취업규칙 등을 통하여 일정나이, 근속시점 또는 임금액을 기준으로 임금을 줄이는 제도를 시행하는 경우
7. 사용자가 근로자와의 합의에 따라 소정근로시간을 1일 1시간 또는 1주 5시간 이상 변경하여 그 변경된 소정근로시간에 따라 근로자가 3개월 이상 계속 근로하기로 한 경우
8. 법률 제15513호 근로기준법 일부개정법률의 시행에 따른 근로시간의 단축으로 근로자의 퇴직금이 감소되는 경우
9. 재난으로 피해를 입은 경우로서 고용노동부장관이 정하여 고시하는 사우에 해당하는 경우

▶ **퇴직금중간정산 사유에 해당하지 아니함에도 퇴직금을 지급한 경우**

1) 법인의 경우 퇴직금을 손금산입할 수 없으며, 퇴직금을 중간정산하여 지급한 날부터 현실적인 퇴사일까지 근로자에게 회사자금을 무상으로 빌려준 것으로 보아 퇴사일까지 매년 인정이자상당액(연리 4.6%)을 세무조정으로 익금산입하고, 해당 근로자에 대한 상여로 처분을 하여야 합니다.

2) 개인사업자의 경우 퇴직금 중간정산 사유에 해당하지 아니함에도 퇴직금을 중간정산하여 지급한 경우 필요경비에 산입할 수 없으며, 이 경우 퇴직금을 중간정산하여 지급한 날부터 현실적인 퇴사일까지 근로자에게 회사자금을 무상으로 빌려준 것으로 보아야 합니다. 다만, 개인사업자의 경우 법인과 같이 인정이자를 계상하지는 않습니다.

▶ **퇴직소득에 대한 세액정산 등 (소득세법 제148조)**
① 퇴직자가 퇴직소득을 지급받을 때 이미 지급받은 다음 각 호의 퇴직소득에 대한 원천징수영수증을 원천징수의무자에게 제출하는 경우 원천징수의무자는 퇴직자에게 이미 지급된 퇴직소득과 자기가 지급할 퇴직소득을 합계한 금액에 대하여 정산한 소득세를 원천징수하여야 한다.
1. 해당 과세기간에 이미 지급받은 퇴직소득
2. 근로계약에서 이미 지급받은 퇴직소득

② 제1항에 따라 퇴직소득세를 정산하는 경우의 근속연수는 이미 지급된 퇴직소득에 대한 근속연수와 지급할 퇴직소득의 근속연수를 합산한 월수에서 중복되는 기간의 월수를 뺀 월수에 따라 계산한다.

③ 근로계약이란 근로제공을 위하여 사용자와 체결하는 계약으로서 사용자가 같은 하나의 계약을 말한다.

▶ **퇴직판정의 특례(소득세법 시행령 제43조)**
다음 각 호의 어느 하나에 해당하는 사유가 발생한 경우 퇴직금을 지급하여야 하나 퇴직급여를 실제로 받지 않은 경우는 퇴직으로 보지 않을 수 있다.
1. 종업원이 임원이 된 경우
2. 합병·분할 등 조직변경, 사업양도, 직·간접으로 출자관계에 있는 법인으로의 전출 또는 동일한 사업자가 경영하는 다른 사업장으로의 전출이 이루어진 경우
3. 법인의 상근임원이 비상근임원이 된 경우
4. 비정규직 근로자가 정규직 근로자로 전환된 경우

2 확정기여형 퇴직연금제도(DC)

ⓐ 퇴직연금 및 수수료 납부 회계처리

확정기여형 퇴직연금제도를 설정한 경우 당해 회계기간에 대하여 회사가 납부하는 부담금을 전액 퇴직급여(비용)로 처리하고, 퇴직연금운용자산, 퇴직급여충당부채는 인식하지 않습니다.

즉, 확정기여형 퇴직연금은 퇴직금에 상당하는 금액의 100%를 퇴직연금사업자에게 불입하는 시점에 전액 비용으로 처리하는 것입니다.

또한 퇴직연금의 운용과 관련하여 사용자가 퇴직연금사업자에게 지급하는 수수료(운용관리수수료와 자산관리수수료로 구분하여 납부함)도 전액 비용으로 인정이 됩니다.

[예제] 직원의 퇴직금상당액 1천만원을 보통예금에서 퇴직연금계좌로 이체하다.

퇴직급여	10,000,000	/	보통예금	10,000,000

[예제] 퇴직연금 누적적립금에 대한 운용관리수수료 200,000원(0.4% 가정) 및 자산관리수수료 150,000원(0.3% 가정)를 보통예금에서 이체하여 결제하다.

지급수수료	350,000	/	보통예금	350,000

▶ 운용관리수수료 : 퇴직연금사업자에게 지급하는 수수료
▶ 자산관리수수료 : 퇴직연금자산을 관리하는 금융기관에 지급하는 수수료

퇴직금제도에서 퇴직연금제도로 변경시 회계처리

퇴직금제도에서 확정기여형 퇴직연금제도로 변경하는 경우 회계처리 방법은 다음과 같습니다.

[예제1] 퇴직연금제도로 변경하면서 변경전 발생한 퇴직금상당액을 퇴직연금으로 불입하는 경우로서 퇴직급여충당부채가 없는 경우

퇴직금	*****	/	현금및현금성자산	*****

[예제2] 퇴직연금제도로 변경하면서 변경전 발생한 퇴직금상당액을 퇴직연금으로 불입하는 경우로서 퇴직급여충당부채가 있는 경우

퇴직급여충당부채	*****	/	현금및현금성자산	*****

[예제3] 확정기여형퇴직연금제도가 장래근무기간에 대하여 설정되어 과거근무기간에 대하여는 기존 퇴직금제도가 유지되는 경우로서 임금수준의 변동으로 퇴직급여추계액이 증가한 경우

퇴직급여	*****	/	퇴직급여충당부채	*****

▶ 세무상 한도액을 초과하는 금액은 손금불산입 하여야 합니다.

사례 퇴직금제도에서 확정기여형퇴직연금제도로 변경

① A회사는 2012년 12월 31일까지 퇴직금제도를 유지해왔으나 2013년 1월 1일부터 확정기여형퇴직연금제도를 도입하기로 결정하였다. 2013년 1월 1일 이후에는 연간 임금총액의 1/12에 해당하는 금액을 확정기여형퇴직연금제도의 부담금으로 납부하기로 하고, 기존 퇴직급여충당부채와 2013년에 발생한 퇴직급여(비용) 전액을 부담금으로 납부한 경우의 회계처리

퇴직급여충당부채	*****	/	현금및현금성자산	*****
퇴직급여	*****			

② 퇴직금제도와 관련된 퇴직급여충당부채 상당액은 확정기여형퇴직연금으로 불입하지 않기로 결정하였으나 퇴직연금불입전 퇴직금에 대한 추계액의 증가에 따른 회계처리

| 퇴직급여 | ***** / 퇴직급여충당부채 | ***** |

보 충   퇴직급여충당부채 및 퇴직급여충당금

퇴직급여충당금이란 용어는 기업회계기준서에서는 '퇴직급여충당부채'로 변경하였으나 세법에서는 현재 퇴직급여충당금으로 명칭하고 있으나 그 개념은 같은 의미입니다.

충당금이란 지급의무 등이 확정되지는 않았지만 당기의 수익에 대응하는 비용으로서 장래에 지출할 것이 확실하고 당기의 수익에서 차감하는 것이 합리적인 것에 대하여 적절한 기간 손익 계산을 위하여 합리적인 금액을 추정하여 비용으로 계상하는 금액을 말합니다.

예를 들어 퇴직금의 경우 기업은 종사 직원이 퇴사할 경우 통상 1년 근속에 1개월 정도의 급여에 해당하는 금액을 퇴직금으로 지급하여야 하는데 종사 직원이 모두 퇴직을 하지 않고 계속 근무하다가 회사의 구조조정 등으로 일정 시점에 많은 직원이 퇴사할 경우 그 해의 퇴직금 비용이 과다하게 계상되며, 이러한 경우 퇴사연도에 퇴직금이 과다 계상되어 불합리한 손익계산이 될 것입니다.

따라서 매 회계연도의 손익을 계산함에 있어 직원이 퇴사는 하지 않더라도 당해 회계연도에 발생한 퇴직금상당액을 산출하여 비용으로 계산하는 것이 보다 정확한 기간 손익이 될 것입니다.

즉, 당해 연도에 발생하는 퇴직금상당액을 퇴직금으로 비용 계산한 경우 실제 퇴직금을 지급하지는 않았으나 비용으로 계산한 바 그 금액은 장차 지급하여야 할 채무로서 일종의 미지급채무인 퇴직급여충당금(비용이 발생하였으나 아직 지급하지 않은 금액으로 일종의 미지급금입니다.)이란 부채계정을 설정하였다가 실제 퇴직금을 지급하는 때에 퇴직급여충당금이란 미지급금을 변제한 것으로 처리하는 것입니다.

퇴직시 퇴직연금의 개인형퇴직연금 이전

퇴직연금에 불입하여 두었던 금액으로 퇴직금을 지급하는 경우 그 지급은 가입자가 지정한 개인형퇴직연금제도의 계정으로 이전하는 방법으로 하여야 합니다. 다만, 다음에 정하는 사유가 있는 경우에는 이전하지 않아도 됩니다.

▶ **개인형퇴직연금제도 이전 예외 사유**
1. 가입자가 55세 이후에 퇴직하여 급여를 받는 경우
2. 급여를 담보로 대출받은 금액 등을 상환하기 위한 경우. 이 경우 가입자가 지정한 개인형퇴직연금제도의 계정으로 이전하지 아니하는 금액은 담보대출 채무상환 금액을 초과할 수 없다.
3. 퇴직급여액이 3백만원 이하인 경우

가입자가 개인형퇴직연금제도의 계정을 지정하지 아니하는 경우에는 해당 퇴직연금사업자가 운영하는 계정으로 이전하여야 하며, 이 경우 가입자가 해당 퇴직연금사업자에게 개인형퇴직연금제도를 설정한 것으로 봅니다.

퇴직연금외 퇴직금 추가 지급액이 있는 경우

퇴직금 추가 지급액을 퇴직연금계좌로 이전하는 경우

퇴직금 추가 지급액을 퇴직연금계좌로 이전하는 경우 퇴직소득세는 과세이연되나 '퇴직소득지급명세서'를 작성하여 퇴직연금사업자에게 통보하여야 하며, 사용자는 다음연도 3월 10일까지 관할세무서에 해당 '퇴직소득지급명세서'를 제출하여야 합니다.

▶ 확정기여형퇴직연금외 퇴직금 추가 지급

확정기여형퇴직연금제도를 채택하고 있는 사업자의 경우 퇴직소득세 원천징수와 관련한 모든 업무를 퇴직연금사업자가 부담하므로 사용자는 근로자 퇴사시 별도로 처리할 업무는 없으나 추가 지급액이 있는 경우에는 다음과 같이 처리하여야 합니다.

▶ 퇴직금 추가 지급액을 퇴직연금계좌로 이전하는 경우

퇴직금 추가 지급액을 퇴직연금계좌로 이전하는 경우 과세이연되며, 이 경우 사용자는 퇴직소득지급명세서를 퇴직연금사업자에게 통보하여야 하며, 다음연도 3월 10일까지 관할 세무서에 퇴직소득지급명세서를 제출하여야 합니다.

▶ 퇴직금 추가 지급액을 회사가 직접 지급하는 경우

근로자 퇴사시 사용자가 추가로 퇴직금을 지급하는 경우, **회사 지급분**에 대하여 회사가 별도로 퇴직소득세 및 지방소득세를 원천징수하고 '퇴직소득지급명세서'를 퇴직연금사업자에게 통보하여야 하며, 사용자는 다음연도 3월 10일까지 관할 세무서에 '퇴직소득지급명세서'를 제출하여야 합니다.

▶ 퇴직금 지급 이후 퇴직금을 회사가 직접 지급하는 경우

퇴직금 지급 이후 추가 지급하는 퇴직금이 있는 경우에는 퇴직연금일시금과 추가 지급하는 금액을 합산하여 퇴직소득세를 정산하여 원천세 신고·납부 및 퇴직소득지급명세서를 제출하여야 합니다. 따라서 이 경우 회사가 퇴직연금사업자로부터 퇴직소득원천징수내역을 통보받아 이를 회사에서 지급한 퇴직금과 합산하여 원천징수세액을 계산해야 할 것이며, 퇴직소득원천징수영수증 작성시 퇴직연금사업자 지급분은 종(전)근무지란에 기재하고 회사 지급분은 주(현)근무지란에 기재합니다.

▶ 퇴직금 추가 지급액에 대한 원천징수방법

이미 퇴직연금사업자가 지급한 퇴직소득과 회사에서 지급하는 퇴직소득을 합한 퇴직급여액에서 퇴직소득공제를 차감한 후 퇴직소득 과세표준을 계산하고 원천징수세율을 적용하여 산출세액, 결정세액을 구한 후 이미 지급한 퇴직소득에 대하여 원천징수된 세액을 공제하여 계산합니다.

▶ 퇴직금 추가 지급에 대한 회계처리

[예제] 근로자 고둘리의 퇴직(만55세 이후 퇴직)에 따라 퇴직금 2천만원을 계상하다. 2천만원은 퇴직연금사업자가 고둘리에게 직접 지급하였으며, 퇴직금 추가 지급분 5백만원은 회사에서 지급하다. 단, 퇴직연금으로 불입한 금액은 이미 손금산입(퇴직연금충당부채를 설정하여 손금산입함)하였으며, 퇴직연금 불입액이외의 추가 퇴직금 상당액 또한 퇴직급여충당부채를 설정하여 이미 손금산입하였다.

회사의 추가 지급분에 대하여 퇴직소득세 및 지방소득세 550,000원을 원천징수하고 잔액을 지급하다.

퇴직연금충당부채	20,000,000	/	퇴직연금운용자산	20,000,000
퇴직급여충당부채	5,000,000		현금및현금성자산	4,450,000
			예수금	550,000

③ 확정급여형퇴직연금제도(DB)

퇴직연금 손금산입

▶ 당해 연도 퇴직금 발생액의 비용계상

당해 연도의 수익에 대응하는 비용을 보다 정확하게 계상하기 위하여 당해 연도에 실제 퇴직금을 지급하지는 않았으나 당해 연도에 발생한 것으로 추정되는 퇴직금상당액을 비용으로 처리하기 위하여 재무상태표일 현재 퇴직급여추계액에서 기 설정한 퇴직급여충당부채를 차감한 금액을 퇴직급여충당부채로 계상할 수 있습니다.

다만, 세법에서는 퇴직연금에 불입한 금액은 전액 비용으로 인정을 하여 주나 퇴직금상당액을 사외에 불입하지 아니하고, 퇴직급여충당부채를 계상하여 비용처리한 금액은 일정 한도액 범위내의 금액만을 비용으로 인정을 하여 주고 있으므로 기업회계에 의하여 계상한 퇴직급여충당부채 중 세무상 한도액을 초과하는 금액은 세무조정에서 손금불산입하여야 하는 등 실무적으로 다소 까다로운 조정절차가 필요하기도 합니다. 따라서 외부감사대상법인이 아닌 기업의 경우 세무상 한도내의 금액만을 충당부채로 설정을 하기도 합니다.

▶ 확정급여형퇴직연금의 손금(필요경비)산입

① 사용자가 확정급여형퇴직연금제도에 가입한 경우로서 퇴직금상당액 전액을 퇴직연금으로 불입하는 경우에는 퇴직급여충당부채의 비용처리에 대한 절차없이 퇴직급여 및 퇴직연금충당부채로 계상할 수

있습니다만, 근로자퇴직급여보장법에서는 가입자별 예상 퇴직급여를 합하는 방법에 따라 산정한 금액(기준책임준비금)에 100분의 60 이상을 곱하여 산출한 금액(최소적립금) 이상을 적립금으로 적립할 수 있도록 규정하고 있습니다.

이 경우 퇴직연금으로 적립하는 금액외의 금액에 대하여는 퇴직급여충당부채를 설정하여 비용처리를 하는 것이 수익비용대응의 원칙에 부합할 것입니다. 다만, 세무상 한도액을 초과하는 금액은 세무조정에서 손금불산입하는 절차가 필요합니다.

② 확정급여형 퇴직연금의 부담금은 제1호 및 제2호의 금액 중 큰 금액에서 제3호의 금액을 뺀 금액을 한도로 손금에 산입하며, 둘 이상의 부담금이 있는 경우에는 먼저 계약이 체결된 퇴직연금등의 부담금부터 손금에 산입합니다.

1. 해당 사업연도종료일 현재 재직하는 임원 또는 사용인(확정기여형 퇴직연금이 설정된 사람 제외)의 전원이 퇴직할 경우에 퇴직급여로 지급되어야 할 금액의 추계액에서 해당 사업연도종료일 현재의 퇴직급여충당금을 공제한 금액에 상당하는 연금에 대한 부담금

2. 매 사업연도 말일 현재를 기준으로 산정한 가입자의 예상 퇴직시점까지의 가입기간에 대한 급여에 드는 비용 예상액의 현재가치에서 장래 근무기간분에 대하여 발생하는 부담금 수입 예상액의 현재가치를 뺀 금액으로서 고용노동부령으로 정하는 방법에 따라 산정한 금액에서 해당 사업연도 종료일 현재의 퇴직급여충당금을 공제한 금액에 상당하는 연금에 대한 부담금

3. 직전 사업연도종료일까지 지급한 부담금

```
┌─────────────┐   ┌─────────────┐   ┌─────────────┐
│ 사업연도 종료일 │   │ 사업연도 종료일 현재 │   │ 퇴직연금 손금산입 │
│ 현재         │ - │ 퇴직급여충당금 잔액 │ = │ 누적한도액(A)   │
│ 퇴직급여 추계액 │   │             │   │             │
└─────────────┘   └─────────────┘   └─────────────┘

┌─────────────┐   ┌─────────────┐   ┌─────────────┐
│ 사업연도 종료일 │   │ 신고조정 또는 결산조정 │   │ 손금산입대상   │
│ 현재         │ - │ 에 의해 이미 손금산입한 │ = │ 퇴직연금(C)    │
│ 퇴직연금 잔액  │   │ 금액(B)      │   │             │
└─────────────┘   └─────────────┘   └─────────────┘
```

손금산입한도액 = (A - B)와 (C)중 적은 금액

퇴직금제도에서 퇴직연금제도로 변경시 회계처리

기존의 퇴직금제도에서 과거근무기간을 포함하여 확정급여형퇴직연금제도로 변경하는 경우, 기존의 퇴직급여충당부채에 상당하는 금액을 퇴직연금으로 불입하는 경우 사내에 충당부채로 유보한 금액을 사외에 적립하는 것이므로 별도의 추가적인 부채로 인식하지 아니하고 납부하는 시점에 퇴직연금운용자산으로 처리하시면 됩니다.

| 퇴직연금운용자산 | ***** / 현금및현금성자산 | ***** |

퇴직연금에 가입한 기업은 퇴직연금사업자에게 퇴직연금의 운용과 관련하여 운영관리수수료(적립금의 0.2% ~ 0.5%)와 자산관리수수료(0.3% 내외)가 퇴직연금적립금에서 차감되며, 이 경우 퇴직연금운용자산에서 차감하고, 비용처리합니다.

| 지급수수료 | ***** / 퇴직연금운용자산 | ***** |

확정급여형퇴직연금 손금(필요경비)산입 방법

퇴직연금운용자산으로 불입한 금액은 결산조정 또는 신고조정에 의하여 손금산입할 수 있으나 손금산입하지 않는 경우 퇴직금 지급시 퇴직금으로 손금산입하여야 합니다.

[1] 결산조정에 의한 손금산입

[예제1] 20×5년 확정급여형퇴직연금제도를 도입하고 퇴직급여추계액에 해당하는 100,000,000원을 보통예금에서 인출하여 퇴직연금으로 불입하다.

| 퇴직연금운용자산 | 100,000,000 | / | 보통예금 | 100,000,000 |

[예제2] 20×5년 회계기말에 확정급여형퇴직연금으로 불입한 금액에 대하여 퇴직급여로 비용계상하다.

| 퇴직급여 | 100,000,000 | / | 퇴직연금충당부채 | 100,000,000 |

[예제3] 20×6년 종업원 퇴직금 1천만원을 퇴직연금사업자가 종업원의 개인형퇴직연금으로 이전하다. 단, 퇴직연금으로 불입한 금액은 이미 손금산입(퇴직연금충당부채를 설정하여 손금산입함)하였다.

| 퇴직연금충당부채 | 10,000,000 | / | 퇴직연금운용자산 | 10,000,000 |

[2] 신고조정에 의한 손금산입

[예제1] 확정급여형퇴직연금제도를 도입하고 퇴직급여추계액에 해당하는 1억원을 보통예금에서 인출하여 퇴직연금으로 불입하다.

| 퇴직연금운용자산 | 100,000,000 | / | 보통예금 | 100,000,000 |

[예제2] 20×5년 회계기말에 확정급여형퇴직연금으로 불입한 금액에 대하여 세무조정으로 손금산입하다.
20×5년 세무조정
손금산입
퇴직금   100,000,000 (△유보)

[예제3] 20×6년 종업원 퇴직금 1천만원을 퇴직연금사업자가 종업원의 개인형퇴직연금으로 이전하다. 단, 퇴직연금으로 불입한 금액은 이미 손금산입(세무조정으로 손금산입함)하였다.

| 퇴직금 | 10,000,000 / 퇴직연금운용자산 | 10,000,000 |

20×6년 세무조정
손금불산입
퇴직금   10,000,000 (유보)

[3] 퇴직연금불입액에 대하여 손금산입하지 않은 경우

[예제1] 20×5년 확정급여형퇴직연금제도를 도입하고 퇴직급여추계액에 해당하는 100,000,000원을 보통예금에서 인출하여 퇴직연금으로 불입하다.

| 퇴직연금운용자산 100,000,000 / 보통예금 | 100,000,000 |

■ 20×5년 회계기말에 별도의 비용계상을 하지 아니함

[예제2] 20×6년 종업원 퇴직금 1천만원을 퇴직연금사업자가 종업원의 개인형퇴직연금으로 이전하다. (이 경우 별도의 세무조정 없음)

| 퇴직금 | 10,000,000 / 퇴직연금운용자산 | 10,000,000 |

퇴직연금적립금의 운용수익에 대한 회계처리

확정급여형퇴직연금의 운용과 관련하여 수익 또는 손실이 발생할 수 있으며. 그 결과는 회계기말에 재정검증을 통하여 이를 확인할 수 있습니다. 수익이 발생한 경우 영업외수익으로 손실이 발생한 경우 영업외비용으로 처리를 하여야 합니다.

운용수익은 예금이자, 채권, 주식, 펀드상품 투자 등에 의하여 발생하며, 주식투자로 인하여 수익이 발생하는 경우에는 세금을 원천징수 하지 않습니다.

[예제1] 회계기말에 퇴직연금적립금의 운용수익을 확인한 바 1천만원의 이익이 발생하였다.

| 퇴직연금운용자산 | 10,000,000 | / | 퇴직연금운용수익 | 10,000,000 |

[예제2] 회계기말에 퇴직연금적립금의 운용수익을 확인한 바 1천만원의 손실이 발생하였다.

| 퇴직연금운용손실 | 10,000,000 | / | 퇴직연금운용자산 | 10,000,000 |

4 임원 퇴직금 [법인]

법인의 임원(법인의 회장, 사장, 부사장, 이사장, 대표이사, 전무이사 및 상무이사 등 이사회의 구성원 전원과 청산인 및 감사)으로서 근로기준법상의 근로자에 해당하지 않는 경우 근로자퇴직급여보장법에 의한 퇴직금 지급의무는 없습니다.

다만, 현실적인 퇴직을 하는 경우 퇴직금을 지급할 수 있으나 법인이 임원에게 지급한 퇴직급여 중 다음 각 호의 어느 하나에 해당하는 금액을 초과하는 금액은 손금에 산입할 수 없습니다.

1. 정관에 퇴직급여(퇴직위로금 등을 포함합니다)로 지급할 금액이 정하여진 경우에는 정관에 정하여진 금액. 단, 정관에서 위임된 퇴직급여지급규정이 따로 있는 경우에는 해당 규정에 의한 금액에 의합니다.
2. 제1호 외의 경우에는 그 임원이 퇴직하는 날부터 소급하여 1년 동안 해당 임원에게 지급한 총급여액의 10분의 1에 상당하는 금액에 근속연수(1년 미만의 기간은 월수로 계산하되, 1개월 미만의 기간은 이를 산입하지 아니합니다.)를 곱한 금액

한편, 2012년 1월 1일 이후에는 정관에 임원의 퇴직금 지급규정이 정하여져있더라도 아래 금액의 합계액을 초과하는 경우에는 그 초과하는 금액은 근로소득으로 봅니다.

1. 입사일부터 2011년 12월 31일 기간에 대하여 정관의 규정(배수 제한 없음)에 의한 퇴직소득(2011년 12월 31일에 퇴직하였다고 가정할 때 지급받을 퇴직소득)

2. 퇴직한 날부터 소급하여 3년 동안 지급받은 총급여의 연평균환산액 × 1/10 × 2012년 1월 1일 이후의 근속연수(월수로 계산, 1개월 미만 올림) × 3배(2020년 이후분 2배)

근속연수의 3배수(2020년 이후분 2배) 규정은 정관에 규정한 퇴직금이 3배(2020년 이후분 2배)를 초과하는 경우 근로소득으로 과세한다는 의미이며, 손금불산입한다는 의미는 아닙니다. 따라서 정관에서 2배를 초과하여 퇴직금 지급에 관한 규정을 둘 수 있으며, 이 경우 2배를 초과하는 금액은 근로소득으로 과세하는 것입니다.

[개정 세법] 임원 퇴직소득 한도 축소(소득세법 제22조 ③)
2020년 1월 1일 이후 적립분에 해당하는 임원의 퇴직소득에 대해서 지급배수를 급여의 연평균환산액을 기초로 산정한 기준금액의 3배에서 2배로 하향 조정하여 임원 퇴직소득 한도를 축소함

임원의 퇴직금 중간정산

근로기준법에 의한 근로자가 아닌 임원의 경우 근로자퇴직급여보장법의 적용을 받는 것은 아니므로 아래 요건(법인세법 시행규칙 제22조)을 충족하는 경우 퇴직금 중간정산을 할 수 있습니다. 따라서 아래에 정하는 사유 외에 퇴직금을 중간정산하는 경우에는 손금불산입하고 상여처분하거나 가지급금으로 처리를 하여야 합니다.

▶ **법인 임원에게 퇴직금중간정산을 할 수 있는 경우**
1. 중간정산일 현재 1년 이상 주택을 소유하지 아니한 세대의 세대주인 임원이 주택을 구입하려는 경우
2. 임원(임원의 배우자 및 생계를 같이 하는 부양가족 포함)이 3개월 이상의 질병 치료 또는 요양을 필요로 하는 경우

5 퇴직소득세 신고 및 납부

가 퇴직연금제도를 시행하고 있지 않는 회사

① 2022년 4월 14일부터 퇴직연금에 가입하지 않은 근로자가 퇴직하는 경우 회사는 퇴직금 지급사유가 발생한 날로부터 14일 이내에 개인형IRP 계좌로 퇴직금을 이전해야 합니다. 다만, 55세 이상 나이에 퇴직하거나, 퇴직금이 300만원 이하인 경우 개인형IRP에 이전하지 않아도 됩니다.

② 퇴직금을 개인형IRP에 이전하지 아니하고, 퇴사자에게 퇴직금을 직접 지급하는 경우 퇴직소득세를 계산하여 퇴직소득세 및 지방소득세를 신고 및 납부하여야 합니다.

③ 퇴직금을 개인형IRP로 이전하거나 직접 지급하는 경우 원천징수이행상황신고서를 작성하여 퇴직금 지급일의 다음달 10일까지 관할 세무서에 제출하여야 합니다.

④ 퇴직연금제도를 시행하고 있지 않는 사업자이나 근로자가 퇴직으로 인하여 지급받는 퇴직급여액(명예퇴직수당과 단체퇴직보험금 포함)을 퇴직한 날부터 60일 이내에 개인형퇴직연금계정(IRP)으로 이전하는 경우 퇴직소득세 중 개인형퇴직연금으로의 이전비율에 상당하는 금액(퇴직소득세 × 이전한 퇴직소득금액/퇴직소득금액)은 과세이연됩니다. 이 경우 사업자는 '퇴직소득지급명세서'를 작성하여 개인형퇴직연금계좌를 취급하는 퇴직연금사업자에게 즉시 통보하여야 하며, 또한 다음연도 3월 10일까지 관할세무서에 '퇴직소득지급명세서'를 제출하여야 합니다.

◆ 퇴직금 지급에 대한 '원천징수이행상황신고서' 작성방법

퇴직소득세를 개인퇴직연금계좌에 입금하여 퇴직소득세를 과세이연한 경우 원천징수이행상황신고서상 퇴직소득란의 인원과 총지급액란에 해당 퇴직소득 지급금액을 기재하고 징수세액의 소득세 등란에는 '0'원으로 기재하는 것이며, 퇴직소득 원천징수의무자가 회사인 회사지급분 및 확정급여형퇴직연금을 지급하는 경우에는 'A22'란에 기재합니다.

[원천징수이행상황신고서 일부]

소득자 소득구분		코드	원 천 징 수 명 세				
			소 득 지 급 (과세미달 일부비과세 포함)		징수세액		
			④인원	⑤총지급액	⑥소득세등	⑦농어촌 특별세	⑧가산세
퇴직소득	연금계좌	A21					
	그 외	A22	1	10,000,000	0		
	가감계	A20					

확정기여형 퇴직연금의 퇴직소득세 징수

확정기여형퇴직연금제도에서 가입자는 퇴직할 때에 받을 급여를 갈음하여 그 운용 중인 자산을 가입자가 설정한 개인형퇴직연금제도의 계정으로 이전해 줄 것을 해당 퇴직연금사업자에게 요청할 수 있으며, 가입자의 요청이 있는 경우 퇴직연금사업자는 그 운용 중인 자산을 가입자의 개인형퇴직연금제도 계정으로 이전하여야 합니다.

한편, 거주자가 퇴직으로 인하여 지급받는 퇴직급여액(명예퇴직수당과 단체퇴직보험금)에 해당하는 금액[2013년 이후 비율 제한 없음]을 퇴직한 날로부터 **60일 이내**에 개인형퇴직연금제도의 계정으로 이체 또는 입금하거나 과세이연계좌를 다른 금융회사의 과세이연계좌로

이체를 통하여 이전하는 경우 당해 퇴직급여액 중 퇴직연금계좌로 이전한 금액은 퇴직소득으로 보지 않으며, 이 경우 퇴직소득세는 연금지급시 연금소득세로 과세이연되어 퇴직소득세를 징수 및 납부하지 않습니다. (소득세법 제146조) 단, 개인형퇴직연금불입 이후 근로자는 개인형퇴직연금을 해지할 수는 있으며, 이 경우 퇴직연금사업자가 퇴직소득세를 계산하여 징수 및 납부합니다.

▶ 확정기여형퇴직연금의 원천징수의무자

확정기여형퇴직연금의 경우 원천징수의무자는 퇴직연금운용사업자 이므로 회사는 별도로 원천징수이행상황신고서를 제출할 필요가 없습니다. 다만, 퇴직연금제도 시행전 퇴직금을 지급하거나 추가로 퇴직금을 직접 지급하는 경우에는 사용자가 지급하는 금액을 기준으로 퇴직소득세를 원천징수 및 납부하고, 원천징수내역을 퇴직연금사업자에게 통보하여야 하며, 다음해 3월 10일까지 지급명세서를 관할 세무서에 제출하여야 합니다.

▶ 퇴직급여를 연금으로 받는 경우 원천징수세율

연금수령액은 연금소득에 해당하며, 연금수령시 퇴직연금사업자가 연금소득세(이연퇴직소득세 × 연금수령액 ÷ 이연퇴직소득 × 70%, 60%)를 징수합니다.

[개정 세법] 이연퇴직소득 장기 연금수령시 원천징수세율 인하(소득법 §129)
  ㅇ 연금수령시점 10년 이하 : 퇴직소득세의 70%
  ㅇ 연금수령시점 10년 초과 : 퇴직소득세의 60%
<적용시기> 2020.1.1. 이후 연금수령하는 분부터 적용

연금소득은 원칙적으로 종합소득세 신고대상입니다. 다만, 연금액이 연간 1200만원 이하인 경우 당해 연금소득은 분리과세(종합소득에 합산하지 아니함)할 수 있으나 당해 소득이 있는 거주자가 종합소득 과세표준의 계산에 있어서 이를 합산하고자 하는 경우에는 합산할 수 있습니다.

확정급여형 퇴직연금의 퇴직소득세 징수

확정급여형의 경우 사용자가 근로자 퇴직금 지급에 대한 퇴직소득세 원천징수 및 납부, 지급명세서등의 원천징수업무를 처리하였으나 법 개정으로 퇴직연금을 전액 개인형퇴직연금계좌로 이전하여야 하며,

퇴직금상당액을 개인형퇴직연금에 이전하는 경우 정책목적으로 퇴직소득세 납부를 일단 보류(과세이연이라 합니다.)하고, 나중에 연금을 지급받는 시점에 연금소득세를 원천징수하게 됩니다.

예를 들어 개인형퇴직연금을 해지하는 경우 해지시에 퇴직연금사업자가 퇴직소득세를 계산하여 신고 및 납부하며, 연금으로 지급받는 경우 연금소득에 대하여 연금소득세[이연퇴직소득세 × 연금수령액 ÷ 이연퇴직소득 × 70%(60%)]를 징수하여 납부하도록 하고 있습니다.

단, 퇴직소득세를 원천징수하지 않는 경우에도 사용자는 '퇴직소득지급명세서'를 작성하여 과세이연계좌를 취급하는 퇴직연금사업자에게 즉시 통보하고, 또한 다음연도 3월 10일까지 관할세무서에 '퇴직소득지급명세서'를 제출하여야 합니다.

퇴직소득세 계산

퇴직소득

퇴직소득은 거주자·비거주자 또는 법인의 종업원이 현실적으로 퇴직함으로 인하여 받는 퇴직소득으로 당해 연도에 발생한 다음 소득의 합계액을 말한다.

① 사용자 부담금을 기초로 하여 현실적인 퇴직을 원인으로 지급받는 소득
② 퇴직소득의 일부 또는 전부를 지연하여 지급하면서 지연지급에 대한 이자를 함께 지급하는 경우 해당 이자
③ 「건설근로자의 고용개선 등에 관한 법률」 제14조에 따라 지급받는 퇴직공제금
④ 기타 퇴직소득에 포함되는 것
1. 불특정다수의 퇴직자에게 적용되는 퇴직급여지급규정·취업규칙 또는 노사합의에 의하여 지급 받는 퇴직수당·퇴직위로금 기타 이와 유사한 성질의 급여
2. 퇴직급여지급규정·취업규칙의 개정 등으로 퇴직금지급제도가 변경됨에 따라 퇴직금정산액을 지급하면서 퇴직금지급제도 변경에 따른 손실보상을 위하여 지급되는 금액
3. 명예퇴직수당, 해고예고수당

▶ **퇴직소득 해당 여부**
① 정리해고시 급여에 가산하여 추가로 지급하는 퇴직위로금은 퇴직소득이다.
② 명칭 여하에 관계없이 퇴직을 원인으로 받는 소득인 퇴직공로금, 퇴직위로금 기타 이와 유사한 성질의 급여는 퇴직소득에 해당한다.

③ 임원의 퇴직금으로서 2012년 이후 분 중 정관의 규정이 있더라도 3년간 평균급여의 10분의 1에 상당하는 금액의 3배(2020.1.1. 이후 2배)를 초과하는 금액은 근로소득으로 본다.

④ 법인이 임원 또는 사용인에게 지급하는 퇴직급여는 임원 또는 사용인이 현실적으로 퇴직하는 경우에 지급하는 것에 한하여 이를 손금에 산입한다.

⑤ 현실적인 퇴직이 아님에도 퇴직금을 지급한 경우 지급일부터 현실적인 퇴직시까지 해당 임직원에 대한 무상 대여금으로 보아 법인의 경우 가지급금인정이자를 계상하여 익금에 산입하고 해당 임직원에 대한 상여로 처분을 하여야 한다.

◆ 해고예고수당은 퇴직금에 해당함 [소득세법기본통칙 22-2]

사용자가 30일전에 예고를 하지 아니하고 근로자를 해고하는 경우 근로자에게 지급하는 근로기준법 제32조의 규정에 의한 해고예고수당은 퇴직소득으로 본다.

개정 규정에 의한 퇴직소득세 계산 방법

① 퇴직소득 - 근속공제
② (연분) ① × 12 ÷ 근속연수
③ (② - 환산급여공제) × 기본세율(6~45%)
④ (연승) ③ × 근속연수 ÷ 12

퇴직소득세 계산 (모의계산) 퇴직소득 지급명세서

□ 홈택스 하단 → 자료실
　2025년 귀속 퇴직소득 세액계산 프로그램

[1] 근속연수별 소득공제 (소득법 § 48①)

현 행		개 정	
□ 퇴직소득 근속연수공제액		□ 근속연수공제액 확대	
근속연수	공 제 액	근속연수	공 제 액
5년 이하	30만원 × 근속연수	5년 이하	100만원 × 근속연수
6~10년	150만원 + 50만원 × (근속연수-5년)	6~10년	500만원 + 200만원×(근속연수-5년)
11~20년	400만원 + 80만원 × (근속연수-10년)	11~20년	1,500만 원+ 250만원 × (근속연수-10년)
20년 초과	1,200만원 + 120만원 × (근속연수-20년)	20년 초과	4,000만원 + 300만원 × (근속연수-20년)

<적용시기> '23.1.1. 이후 퇴직하는 분부터 적용

▶ **근속연수별 소득공제시 근속연수 계산**

취업한 날의 익일부터 기산하여 퇴직한 날까지의 기간을 연수에 의하여 계산하고 근속기간이 1년 미만인 때에는 1년으로 한다.

[2] 환산급여공제

환산급여	공제액
8백만원 이하	환산급여의 100%
8백만원 초과 7천만원 이하	8백만원+(8백만원 초과분의 60%)
7천만원 초과 1억원 이하	4천520만원+(7천만원 초과분의 55%)
1억원 초과 3억원 이하	6천170만원+(1억원 초과분의 45%)
3억원 초과	1억5천170만원+(3억원 초과분의 35%)

[3] 소득세 기본세율 [소득법 § 55 ①)]

2022년 귀속분			2023년 귀속분		
과세표준 구간	세율	누진공제액	과세표준 구간	세율	누진공제액
1,200만원 이하	6%		1,400만원 이하	6%	
1,200만원 초과 4,600만원 이하	15%	108만원	1,400만원 5,000만원 이하	15%	126만원
4,600만원 초과 8,800만원 이하	24%	522만원	5,000만원 8,800만원 이하	24%	576만원
8,800만원 초과 1억5천만원 이하	35%	1,490만원	8,800만원 초과 1억5천만원이하	35%	1,544만원
1억5천만원 초과 3억원 이하	38%	1,940만원	1억5천만원 초과 3억원 이하	38%	1,994만원
3억원 초과 5억원 이하	40%	2,540만원	3억원 초과 5억원 이하	40%	2,594만원
5억원 초과 10억원 이하	42%	3,540만원	5억원 초과 10억원 이하	42%	3,594만원
10억원 초과	45%	6,540만원	10억원 초과	45%	6,594만원

<적용시기> '23.1.1. 이후 발생하는 소득 분부터 적용

6 퇴사자 4대보험 정산 등

ⓐ 퇴사자 4대보험 자격상실신고

퇴사자가 있는 경우 사용자는 퇴사일로부터 14일 이내에 자격상실신고서를 작성하여 국민연금관리공단, 건강보험공단, 근로복지공단 중 1곳에만 신고서를 제출하면 됩니다.

[1] 퇴사자 국민연금

직원이 중도에 퇴사한 경우 상실한 달(**상실한 달 전 날**을 기준)까지 보험료를 납부하여야 합니다. 한편, 국민연금은 전년도 급여를 기준으로 당해 연도에 고지된 금액을 납부함으로서 확정되므로 별도의 정산은 하지 않습니다.

[2] 퇴사자 건강보험료 정산

중도 퇴사한 경우 상실한 달(상실한 달 전 날을 기준)까지 보험료를 납부하여야 합니다. 당해 연도에 납부한 건강보험료는 전년도 급여를 기준으로 납부한 금액이므로 당해 연도에 실제 지급한 급여를 기준으로 정산하여 과소 징수한 금액이 있는 경우 추가로 징수하여야 하며, 과다 납부한 금액은 환급을 하여야 합니다.

[3] 퇴사자 고용보험료 정산

퇴사일까지 지급한 임금총액에 대하여 종업원 부담금을 정산하여 과다 징수한 금액은 돌려주고 과소 징수한 금액이 있는 경우에는 추가 징수하여야 합니다.

퇴사자 근로소득세 및 4대보험료 정산 회계처리

근로자가 퇴사하는 경우 근로소득세 연말정산, 4대보험료를 정산하여 과소 납부한 금액은 추가 납부하고, 과다 납부한 금액은 해당 근로자에게 환급을 하여야 하며, 이에 대한 회계처리는 다음과 같습니다.

① 《퇴사자 연말정산 환급세액 발생》 4. 10. 직원이 퇴사하여 1. 1. 부터 퇴사 일까지의 급여를 중도 정산한 결과 환급세액이 110,000원(근로소득세 100,000원, 지방소득세 10,000원)이 발생하였다.

미수금(세무서)	100,000	/ 미지급금	110,000
미수금(구청)	10,000		

- 미수금 : 중도퇴사자 근로소득세 정산환급금은 근로소득세 과다납부금액으로 세무서로부터 돌려받을 금액으로 계속 근로자의 납부할 세액과 상계처리합니다.
- 미지급금 : 퇴사자의 근로소득세 과다납부금액으로 세무서에서 돌려받아 퇴사자에게 지급하여야 하는 금액입니다. 단, 계속 근로자의 납부할 금액에서 상계처리할 수 있으므로 계속 근로자로부터 징수한 금액으로 지급하거나 징수 전 회사가 미리 지급합니다.

▶ 환급세액을 계속 근로직원의 근로소득세 원천징수 전 지급하는 경우에는 가지급금으로 처리한 다음 계속 근로직원 근로소득세 납부시 가지급금을 공제한 잔액을 납부합니다.

② 《건강보험료 과다납부 금액 발생》 퇴사자에 대한 건강보험료 정산결과 건강보험료 과다납부 금액 80,000원을 건강보험공단에 대한 미수금으로 계상하고 직원부담금 40,000원을 퇴사한 직원에 대한 미지급금으로 계상하다.

미수금(공단)	80,000	/ 미지급금	40,000
		복리후생비	40,000

▶ 미수금 : 건강보험료 과다납부 금액

- 미지급금 : 건강보험료 환급금 중 종업원부담금은 종업원에게 돌려주어야 하는 채무로 미지급금으로 처리합니다.
- 복리후생비 : 과오납 금액 중 회사부담금은 당해 연도 복리후생비에서 차감합니다.

③ 《고용보험료 과다납부 금액 발생》 퇴사자에 대한 고용보험료 정산결과 과다납부한 금액 30,000원을 근로복지공단에 대한 미수금으로 계상하고 직원부담금 12,580원을 퇴사한 직원에 대한 미지급금으르 계상하다.

미수금(공단)	30,000	/	미지급금	12,580
			복리후생비	17,420

- 미지급금 : 고용보험료 과다납부금액 중 종업원부담금은 종업원에게 돌려주어야 하는 부채로 퇴사한 직원에 대한 미지급금으로 처리합니다.
- 복리후생비 : 퇴직자 고용보험료 회사부담금은 회계처리시 복리후생비로 처리하였으므로 과다납부한 금액 중 회사부담금은 당해 연도 복리후생비에서 차감합니다.

④ 《퇴직금 및 근로소득세 환급금 지급》 4. 30. 퇴직금 1천만원에서 퇴직소득세 210,000 및 지방소득세 21,000원을 차감한 9,769,000원 및 근로소득세 환급금 100,000원, 지방소득세 환급금 10,000원, 건강보험료 과다납부 금액 40,000원, 고용보험료 과다납부 금액 12,580원을 더한 9,931,580원을 보통예금에서 인출하여 지급하다. 단, 퇴직급여는 전액 퇴직급여충당금과 상계처리하다.

퇴직급여충당금	10,000,000	/	예수금(퇴직소득세)	210,000
미지급금	162,580		예수금(지방소득세)	21,000
			보통예금	9,931,580

- 퇴직급여충당금 : 퇴직급여충당금이 부족한 경우 퇴직금으로 처리하여 비용 처리합니다.

CHAPTER 2

4대보험료 고지 및 징수

4대보험료 정산

4대보험료 납부혜택

일용근로자 세무실무

SECTION 01

4대보험료 고지 및 징수
4대보험료 납부 및 정산

근로자를 1인 이상 고용하고 있는 사업주는 사업주 본인 및 근로자에 대하여 국민연금 및 건강보험을 사업장가입자로 가입하여야 하며, 근로자는 고용보험 및 산재보험에 가입을 하여야 합니다.

1 4대보험 가입대상 사업장 및 가입신고

국민연금 및 건강보험 가입대상 사업장

■ 직원 유무에 따른 4대보험 가입

구 분	직원이 없는 경우	직원이 1인 이상 있는 경우	
	사업주	사업주	종업원
국민연금·건강보험	×	○	○
고용보험	×	×	○
산재보험	×	×	○

4 고용보험 및 산재보험 가입대상 사업장

1인 이상 종업원을 고용하는 사업자는 종업원에 대하여 고용보험 및 산재보험에 가입을 하여 주어야 합니다. 단, 다음 적용제외 사업장은 가입의무가 없습니다.

■ 고용보험 적용제외 사업자 [고용보험법 시행령 제2조]
① 농업·임업·어업 및 수렵업 중 법인이 아닌 자가 상시 4명 이하의 근로자를 사용하는 사업
② 가사서비스업
③ 「건설산업기본법」에 따른 건설업자, 「주택법」에 따른 주택건설사업자, 「전기공사업법」에 따른 공사업자, 「정보통신공사업법」에 따른 정보통신공사업자, 「소방시설공사업법」에 따른 소방시설업자 또는 「문화재수리등에 관한 법률」에 따른 문화재수리업자가 아닌 자가 시공하는 공사로 다음 각 호에 해당하는 공사
가. 「고용보험 및 산업재해보상보험의 보험료 징수 등에 관한 법률 시행령」 제2조제1항제2호에 따른 총공사 금액이 2천만원 미만인 공사
나. 연면적이 100제곱미터 이하인 건축물의 건축 또는 연면적이 200제곱미터 이하인 건축물의 대수선에 관한 공사

■ 산재보험 적용제외 사업자 [산업재해보상보험법 시행령 제2조]
1. 「선원법」, 「어선원 및 어선 재해보상보험법」 또는 「사립학교교직원 연금법」에 따라 재해보상이 되는 사업
2. 가구내 고용활동
3. 농업, 임업(벌목업은 제외한다), 어업 및 수렵업 중 법인이 아닌 자의 사업으로서 상시근로자 수가 5명 미만인 사업

② 4대보험 가입신고 및 절차

ⓐ 4대보험 관리공단에 직접 신고

적용대상 사업장이 된 날로부터 14일 이내(국민연금은 15일)이내 사업장 적용신고서(통합신고서로 1장에 작성)를 국민연금공단, 국민건강보험공단, 근로복지공단 중 1곳에만 사업장적용신고서를 제출하시면 됩니다.

| 서 식 | 국민연금공단, 국민건강보험공단, 근로복지공단 홈페이지 |

ⓑ 4대보험 전자신고

사업장 관할 4대보험 관리공단에 사업장으로 가입(사업장 적용신고서 팩스 전송)을 한 이후에 4대보험 포탈사이트에서 회원가입하여 4대보험과 관련한 모든 업무를 전자적으로 처리할 수 있습니다.

① 사업장 관할 세무서에 사업자등록
② 사업장적용신고서를 사업장 관할 건강보험공단등에 팩스 제출
③ 4대브험 포탈사이트(www.4insure.or.kr) 접속
④ 회원가입
⑤ 가입 신청내용 입력

③ 4대보험 가입대상 근로자 및 가입신고

ⓐ 4대보험 가입대상 근로자

▶ 국민연금

[1] 국민연금 가입대상 근로자 [국민연금법 제6조, 제13조]
① 18세 이상 60세 미만인 근로자로서 1개월 이상의 근로를 제공하는 근로자
③ 다음 각 호의 어느 하나에 해당하는 자는 65세가 될 때까지 국민연금공단에 가입을 신청하면 임의계속가입자가 될 수 있다.
1. 국민연금 가입자 또는 가입자였던 자로서 60세가 된 자
2. 전체 국민연금 가입기간의 5분의 3 이상을 광업, 어선에서의 어업 직종의 근로자로 국민연금에 가입하거나 가입하였던 사람

[2] 국민연금 가입대상이 아닌 자 [국민연금법 시행령 제2조]
1. 일용근로자나 1개월 미만의 기한을 정하여 근로를 제공하는 사람. 다만, 1개월 이상 계속하여 근로를 제공하는 사람으로서 다음 각 목의 어느 하나에 해당하는 사람은 근로자에 포함된다.
 가. 건설공사의 사업장 등에서 근로를 제공하는 경우: 1개월 동안의 근로일수가 8일 이상이거나 1개월 동안의 소득)이 보건복지부장관이 정하여 고시하는 금액(220만원) 이상인 사람
  나. 가목 외의 사업장에서 근로를 제공하는 경우: 1개월 동안의 근로일수가 8일 이상 또는 1개월 동안의 근로시간이 60시간 이상이거나 1개월 동안의 소득이 보건복지부장관이 정하여 고시하는 금액(220만원) 이상인 사람

2. 법인의 이사 중 소득이 없는 사람
3. 1개월 동안의 소정근로시간이 60시간 미만인 단시간근로자. 다만, 해당 단시간근로자 중 다음 각 목의 어느 하나에 해당하는 사람은 근로자에 포함된다.
    가. 3개월 이상 계속하여 근로를 제공하는 사람으로서 「고등교육법」 제14조제2항에 따른 강사
    나. 3개월 이상 계속하여 근로를 제공하는 사람으로서 사용자의 동의를 받아 근로자로 적용되기를 희망하는 사람
    다. 1개월 이상 계속하여 근로를 제공하는 사람으로서 1개월 동안의 소득이 보건복지부장관이 정하여 고시하는 금액(200만원) 이상인 사람

☐ 국민연금법 제3조(정의 등) −요약−
① 이 법에서 사용하는 용어의 뜻은 다음과 같다.
〈개정 2011. 6. 7., 2015. 1. 28., 2016. 5. 29., 2023. 3. 28.〉
1. "근로자"란 직업의 종류가 무엇이든 사업장에서 노무를 제공하고 그 대가로 임금을 받아 생활하는 자(법인의 이사와 그 밖의 임원을 포함한다)를 말한다. 다만, 대통령령으로 정하는 자는 제외한다.

☐ 국민연금법 시행령 제2조(근로자에서 제외되는 사람) −요약−
「국민연금법」 제3조제1항제1호 단서에 따라 근로자에서 제외되는 사람은 다음 각 호와 같다. 〈개정 2020. 7. 1., 2021. 6. 29.〉

1. 일용근로자나 1개월 미만의 기한을 정하여 근로를 제공하는 사람. 다만, 1개월 이상 계속하여 근로를 제공하는 사람으로서 다음 각 목의 어느 하나에 해당하는 사람은 근로자에 포함된다.

가. 「건설산업기본법」 제2조제4호 각 목 외의 부분 본문에 따른 건설공사의 사업장 등 보건복지부장관이 정하여 고시하는 사업장에서 근로를 제공하는 경우
- 1개월 동안의 근로일수가 8일 이상이거나 1개월 동안의 소득(제3조제1항제2호에 따른 소득만 해당한다.)이 보건복지부장관이 정하여 고시하는 금액 이상인 사람

> 제3조제1항제2호
> 2. 근로자의 경우: 「소득세법」 제20조제1항에 따른 근로소득에서 같은 법 제12조제3호에 따른 비과세 **근로소득**(원양어업 선박이나 국외등을 항행하는 선박에서 근로를 제공하고 받는 월 300만원 이내의 금액은 제외한다)을 **뺀 소득**

나. 가목 외의 사업장에서 근로를 제공하는 경우: 1개월 동안의 근로일수가 8일 이상 또는 1개월 동안의 근로시간이 60시간 이상이거나 1개월 동안의 소득이 보건복지부장관이 정하여 고시하는 금액 이상인 사람

2. 소재지가 일정하지 아니한 사업장에 종사하는 근로자

3. 법인의 이사 중 소득이 없는 사람

4. 1개월 동안의 소정근로시간이 60시간 미만인 단시간근로자. 다만, 해당 단시간근로자 중 다음 각 목의 어느 하나에 해당하는 사람은 근로자에 포함된다.
가. 3개월 이상 계속하여 근로를 제공하는 사람으로서 「고등교육법」 제14조제2항에 따른 강사

나. 3개월 이상 계속하여 근로를 제공하는 사람으로서 사용자의 동의를 받아 근로자로 적용되기를 희망하는 사람
다. 둘 이상 사업장에 근로를 제공하면서 각 사업장의 1개월 소정근로시간의 합이 60시간 이상인 사람으로서 1개월 소정근로시간이 60시간 미만인 사업장에서 근로자로 적용되기를 희망하는 사람
라. 1개월 이상 계속하여 근로를 제공하는 사람으로서 1개월 동안의 소득이 보건복지부장관이 정하여 고시하는 금액 이상인 사람

☐ 보건복지부고시 제2021-296호
[국민연금 사업장 가입대상이 되는 일용근로자 및 단시간근로자의 소득기준에 관한 고시]
제2조(소득 기준) 「국민연금법 시행령」 제2조제1호 및 제4호라목에서 "보건복지부장관이 정하여 고시하는 금액"은 220만원으로 한다.
〈부 칙〉 이 고시는 2022년 1월 1일부터 시행한다.

▶ 건강보험

[1] 건강보험 가입대상 근로자
모든 사업장의 근로자 및 사용자원은 직장가입자가 된다. 다만, 고용기간이 1개월 미만인 일용근로자는 제외한다.

[2] 건강보험 가입대상이 아닌 자
1. 비상근 근로자 또는 1개월 동안의 소정(所定)근로시간이 60시간 미만인 단시간근로자
2. 비상근 교직원 또는 1개월 동안의 소정근로시간이 60시간 미만인 시간제공무원 및 교직원
3. 소재지가 일정하지 아니한 사업장의 근로자 및 사용자

4. 근로자가 없거나 제1호에 해당하는 근로자만을 고용하고 있는 사업장의 사업주

☐ 건강보험법 제6조(가입자의 종류)
② 모든 사업장의 근로자 및 사용자와 공무원 및 교직원은 직장가입자가 된다. 다만, 다음 각 호의 어느 하나에 해당하는 사람은 제외한다. 〈개정 2016. 5. 29.〉
1. 고용 기간이 1개월 미만인 일용근로자
4. 그 밖에 사업장의 특성, 고용 형태 및 사업의 종류 등을 고려하여 대통령령으로 정하는 사업장의 근로자 및 사용자와 공무원 및 교직원

☐ 건강보험법 시행령 제9조(직장가입자에서 제외되는 사람)
법 제6조제2항제4호에서 "대통령령으로 정하는 사업장의 근로자 및 사용자와 공무원 및 교직원"이란 다음 각 호의 어느 하나에 해당하는 사람을 말한다.
1. 비상근 근로자 또는 1개월 동안의 소정(所定)근로시간이 60시간 미만인 단시간근로자
4. 근로자가 없거나 제1호에 해당하는 근로자만을 고용하고 있는 사업장의 사업주

▶ 고용보험

[1] 고용보험 가입대상 근로자
① 1개월간 소정근로시간이 60시간 이상인 자
② 생업을 목적으로 근로를 제공하는 자 중 3개월 이상 계속하여 근로를 제공하는 자
③ 일용근로자

[2] 고용보험 가입대상이 아닌 자 [고용보험법 시행령 제3조]
① 사업주 본인
② 65세 이상인 자 단, 고용안정·직업능력개발 사업에 관하여는 고용보험에 가입하여야 합니다. (실업급여만 가입대상 아님)
③ 소정근로시간이 60시간 미만인 자

☐ 고용보험법 시행령 제3조(적용 제외 근로자)
① 법 제10조제1항제2호에서 "해당 사업에서 소정(所定)근로시간이 대통령령으로 정하는 시간 미만인 근로자"란 해당 사업에서 1개월간 소정근로시간이 60시간 미만이거나 1주간의 소정근로시간이 15시간 미만인 근로자를 말한다.〈개정 2023. 6. 27.〉
② 제1항에도 불구하고 다음 각 호의 어느 하나에 해당하는 근로자는 법 적용 대상으로 한다.〈신설 2023. 6. 27.〉
1. 해당 사업에서 3개월 이상 계속하여 근로를 제공하는 근로자
2. 일용근로자

▶ 산업재해보상보험

① 모든 근로자는 산재보험에 가입하는 것을 원칙으로 합니다.
② 사업주 본인은 원칙적으로 산재보험가입대상이 아닙니다. 다만, 50인 미만의 근로자를 고용하는 사업주는 산재보험에 임의 가입할 수 있습니다.

■ 4대보험 고객센터 전화번호

구 분	주관기관	고객센터	실무 관련 책자
국민연금	국민연금공단	1355	국민연금 사업장 실무안내
건강보험	건강보험공단	1577-1000	건강보험 사업장 업무편람
고용보험	근로복지공단	1588-0075	산재·고용보험 실무편람
산재보험	근로복지공단	1588-0075	산재·고용보험 실무편람

4대보험 가입 및 제외 근로자 요약

연령 조건

구 분	가입제외 근로자	비 고
국민연금	18세 미만인자, 60세 이상인자	
건강보험	해당 없음	
고용보험	65세 이후 새로 채용한 근로자	
산재보험	해당 없음	

근무 기간 및 근무 시간 조건

구 분	가입 대상 근로자
국민연금	1. 1개월 이상 일용직 + 월 8일 이상 근로자 2. 1개월 동안의 소득이 220만원 이상인 근로자 3. 1개월 동안의 근로시간이 60시간 이상 (건설 일용근로자) 1 또는 2 (기타 일용 근로자) 1 또는 2 또는 3
건강보험	1개월 이상 일용직 + 월 8일 이상 근로자
고용보험	근로조건에 관계없이 가입
산재보험	근로조건에 관계없이 가입

휴직자(무급) 4대보험 납부

휴직자 4대보험 면제

구 분	납부 여부
국민연금	면제
건강보험	납부 유예 복직 후 납부 단, 육아휴직의 경우 60% 감면
고용보험	면제
산재보험	면제

외국인 4대보험 가입

국민연금(상호주의)

「국민연금법」에 따른 국민연금은 상호주의 원칙에 따라 대한민국의 국민연금에 상응하는 연금에 대해 그 외국인근로자의 본국법이 대한민국 국민에게 적용되는 경우에만 적용됩니다.

◆ 국민연금 적용 대상국
중국, 키르기즈스탄, 태국, 몽골, 우즈베키스탄, 필리핀, 스리랑카, 인도네시아

◆ 국민연금 적용 대상국이 아닌 국가
베트남, 파키스탄, 캄보디아, 방글라데시, 네팔, 미얀마

국민건강보험(당연 적용)

「출입국관리법」에 따라 외국인 등록을 한 비전문취업(E-9) 또는 방문취업(H-2) 체류자격을 가진 외국인근로자는 「국민건강보험법」의 적용을 받는 직장가입자입니다.

고용보험(당연 적용)

비전문취업(E-9) 또는 방문취업(H-2) 체류자격을 가진 외국인근로자는 신청에 의해 「고용보험법」에 따른 피보험자격을 취득하게 되므로, 사용자는 자신이 고용하고 있는 외국인근로자가 고용보험에 가입하려는 경우 외국인 고용보험 가입 신청을 해야 합니다.

▶ 산업재해보상보험(당연 적용)

산업재해보상보험은 내·외국인근로자를 구분하지 않고 근로자를 사용하는 모든 사업 또는 사업장에 적용되지만, 다음의 어느 하나에 해당하는 사업에는 적용되지 않습니다.

1. 가구내 고용활동
2. 농업·임업(벌목업은 제외)·어업·수렵업 중 법인이 아닌 자의 사업으로서 상시근로자수가 5명 미만인 사업

◾ 4대보험 가입신고

최초로 사업장 적용신고를 할 시 4대보험 가입대상 근로자가 있는 경우 국민연금공단 또는 건강보험관리공단에 전화하여 신고서 양식을 팩스로 받아 직접 신고를 하여야 합니다.

다만, 최초 신고일 이후 근로자를 채용하거나 근로자가 퇴직하는 등 가입대상 근로자의 변동이 있는 경우 4대보험 포탈사이트를 이용하여 신규입사자는 추가로 자격취득신고를 하여야 하고, 퇴사자는 자격상실신고를 하여야 합니다.

■ 2025년도 사업종류별 산재보험료율   단위: 천분율(‰)

사 업 종 류	요율	사 업 종 류	요율
1. 광업		4. 건 설 업	35
석탄광업 및 채석업	185	5. 운수·창고·통신업	
석회석·금속·비금속 · 기타광업	57	철도·항공·창고·운수관련 서비스업	8
2. 제조업		육상 및 수상운수업	18
식료품 제조업	16	통신업	9
섬유 및 섬유제품 제조업	11	6. 임 업	58
목재 및 종이제품 제조업	20	7. 어 업	27
출판 · 인쇄 · 제본업	9	8. 농 업	20
화학 및 고무제품 제조업	13	9. 기타의 사업	
의약품·화장품·연탄·석유제품 제조업	7	시설관리 및 사업지원 서비스업	8
기계기구·금속·비금속광물제품 제조업	13	기타의 각종사업	8
금속제련업	10	전문·보건·교육·여가관련 서비스업	6
전기기계기구·정밀기구·전자제품 제조업	6	도소매·음식·숙박업	8
선박건조 및 수리업	24	부동산 및 임대업	7
수제품 및 기타제품 제조업	12	국가 및 지방자치단체의 사업	9
3. 전기 · 가스 · 증기 · 수도사업	7	0. 금융 및 보험업	5
		* 해외파견자: 14/1,000	

2. 2025년도 통상적인 경로와 방법으로 출퇴근하는 중 발생한 재해에 관한 산재보험료율: 전 업종 0.6/1,000 동일
* 사업종류의 세목과 내용예시 및 총칙을 규정한 사업종류 예시표는 고용노동부 누리집(www.moel.go.kr) 정보공개-법령정보-훈령·예규·고시란과 근로복지공단 누리집(www.comwel.or.kr) 사업안내-가입납부-보험료 신고 및 납부-보험료율에 게재

4 4대보험료 고지 및 정산 [근로자]

건강보험공단이 국민연금공단 및 근로복지공단으로부터 부과자료(고지확정자료)를 받아 통합하여 매 월 고지합니다.

▶ 4대보험료 요율 [종업원 및 사업주 부담금 비율] 2025년 기준

구 분		회사분	종업원분	합계	비 고
국민연금		4.50%	4.50%	9.00%	2024년
건강보험요율(합계)		4.004%	4.004%	8.008%	
국민건강보험료		3.545%	3.545%	7.090%	
노인성장기요양보험		0.459%	0.459%	0.918%	
고 용 보험료	실업급여	0.90%	0.90%	1.8%	
	고용안정 직업능력 개발사업	0.25%	-	0.25%	150명 미만 사업장
		0.45%	-	0.45%	150명 이상(특정업종)
		0.65%	-	0.65%	150명 ~ 1,000명
		0.85%	-	0.85%	1000명 이상
산재보험료		회사부담	없음		업종별로 다름
임금채권부담금		0.06%	없음		

- 2025년 국민연금보험료율(회사분 + 종업원분)

연령	20대	30대	40대	50대
보험료율	9.25%	9.33%	9.50%	10.0%

- 2025년부터 2040년까지 나이별로 차등 인상됩니다.
- 최종적으로 2040년 국민연금요율은 13%가 됩니다.

4대보험 고지 및 정산

국민연금 고지 및 정산

① 국민연금은 전년도에 지급한 소득세법상 과세대상소득을 12로 나누어 매월 고지하며, 사업장은 고지한 국민연금을 납부함으로서 별도의 정산없이 납부의무가 종결됩니다.
② 국세청에서 소득자료를 국민연금관리공단으로 통보하므로 별도의 소득총액신고서를 제출하지 않습니다.

건강보험료 고지 및 정산

① 건강보험료는 전년도 과세대상 급여총액(건강보험료 부과기준이 되는 보수총액)에 보험요율을 곱한 금액을 12로 나누어 매 월 고지하며, 사업자는 고지된 금액을 해당 월의 다음달 10일까지 납부를 하여야 합니다.
② 당해 연도에 납부한 보험료는 전년도 보수총액을 기준으로 납부한 것이므로 건강보험료의 확정 정산을 위해 **다음해 3월 10일**까지 『직장가입자보수총액통보서』작성(보수총액, 근무월수 등 기재)하여 제출하여야 합니다.
○ 당해 연도 실제 지급한 보수총액을 기준으로 계산한 확정보험료(당해 연도 보수총액 × 보험료율)에서 1년 동안 기 납부한 건강보험료의 합계가 확정보험료보다 적은 경우 추가 납부하여야 하며, 납부한 건강보험료가 많은 경우 다음 연도에 납부할 금액에서 상계하거나 환급을 받습니다.

▶ 차가감 납부 또는 환급발생 보험료 (1 - 2)
1. 해당 연도에 실제 지급한 보수를 기준으로 계산한 보험료
2. 전년도 보수를 기준으로 매 월 납부한 보험료의 합계액

③ 정산 결과 추가 납부 또는 환급 발생한 보험료는 **4월분 고지시 반영하여 고지합니다.** 다만, 추가 납부할 보험료가 월보험료의 100분의 30을 초과하는 경우 신청에 의하여 분납할 수 있습니다.

◼ 건강보험 연말정산 절차 (근로자)

구 분	기 한	연말정산 업무절차
공 단	1월 말일	○ 연말정산 안내 및 전년도『직장가입자보수총액통보서』발송
사업장	3월 10일	○『직장가입자보수총액통보서』작성 (전년도보수총액, 근무월수 기재) 제출
공 단	3월 말일	○ 전년도보수총액 및 근무월수에 의해 결정된 「정산보험료 산출내역서」 및 『분할납부 안내문』발송
사업장	4월 15일	○ 정산보험료 산출내역 결과에 따른 『분할납부신청서』(분할납부 대상 사업장일 경우) 제출
공 단		○ 정산보험료 고지 : 매년 4월분 보험료

▶ 고용보험료 및 산재보험료 고지 및 정산

[1] 일반 업종(건설업종 외)

① 고용보험료, 산재보험료는 전년도 임금(신규사업자의 경우 사업개시연도의 예상임금)을 기준으로 공단에서 매 월 고지하고, 당해 연도가 경과한 후 당해 연도에 실제 지급한 임금총액을 기준으로 다시 확정 정산합니다.
② 보험료 확정을 위하여 **사업주는 전년도에 근로자에게 지급한 보수총액 등을 매년 3월 15까지 공단에 신고하여야 합니다.**
③ 공단은 전년도 보험료를 확정하여 확정보험료를 계산한 다음 전년도에 매 월 납부한 보험료 합계금액이 적은 경우 추가 고지하며, 전

년도에 납부한 개산보험료가 확정보험료 보다 많은 경우 당해 연도에 납부할 보험료에서 공제한 금액을 고지합니다.

[2] 건설업 고용보험료 및 산재보험료 고지와 정산

(1) 개산보험료의 신고 및 납부

① 건설업의 경우 추정임금(통상 전년도 임금)에 보험료율을 곱한 금액을 해당 연도 3월 31일(보험연도 중에 보험관계가 성립한 경우 그 성립일 부터 70일 이내에)까지 신고 및 납부하여야 하며, 대략의 임금을 기준으로 보험료를 납부한다하여 개산(槪算)보험료하며, 개산보험료를 일시에 납부하는 경우에는 **보험료의 3%**를 경감받을 수 있습니다.

② 계속사업장 또는 6월말 이전에 성립된 사업장은 사업주의 신청(반드시 개산보험료 신고 시 신청)에 의해 분할납부가 가능하며, 분할납부기한은 다음과 같습니다.

■ 분할납부시 납부기한(연간 적용사업장)

기 별	납부기한	기 별	납부기한
제 1 기	3.31	제 3 기	8.15
제 2 기	5.15	제 4 기	11.15

(2) 확정보험료

확정보험료라 함은 매 보험연도의 초일부터 연도 말일 또는 보험관계가 소멸한 날의 전날까지 지급한 보수총액에 보험료율을 곱하여 산정한 금액을 말합니다. 추정 임금에 의하여 선납한 개산보험료가 확정보험료보다 적은 경우 그 차액은 추가 납부하여야 하며, 개산보험료가 확정보험료보다 많은 경우 초과금액은 반환받거나 충당 신청할 수 있습니다.

4대보험료 고지 기준금액 (과세대상소득)

4대보험료는 건강보험공단이 국민연금관리공단, 근로복지공단(고용보험 및 산재보험)으로부터 보험료 부과자료를 통보받아 건강보험료를 포함하여 매월 통합하여 고지하며, 사업주는 해당 월의 다음달 10일까지 납부한 후 다음해에 실제 지급한 임금을 기준으로 정산하여 납부하게 됩니다. (국민연금은 별도의 정산을 하지 않음)

■ 4대보험료 부과기준이 되는 임금 범위

급여 항목 (소득세 과세대상총액)	부과기준 금액 포함 여부
○ 봉급, 급료, 보수, 세비 ○ 임금, 정기적·일률적 상여금 등	포 함
○ 일시적으로 지급하는 성과 상여금	포 함
○ 국외 근로소득	비과세 제외 단, 건강보험료에는 포함
○ 생산직근로자로서 전년도 임금이 3천만원 이하이고, 월액 210만원 이하자의 연장·야간·휴일근로수당 등	연240만원 한도 비과세 제외
○ (개정) 월 20만원 이하의 식대 (종전) 월 10만원 이하의 식대	제 외
○ 월 20만원 이하 자가운전보조금	제 외
○ 근로자 또는 그 배우자의 출산이나 6세 이하 자녀 보육과 관련하여 지급받는 월10만원 이하의 금액	제 외

▶ 법인대표자 인정상여

법인대표자 인정상여로 처분된 소득은 보수총액에 포함하지 않음

5 4대보험 관련 기타 실무 유의사항

연도 중 급여가 인상된 경우

「직장가입자보수월액변경신청서」를 제출하여 실제 임금을 기준으로 보험료를 징수하여 납부하거나 변경신청을 하지 않는 경우 실제 지급한 임금을 기준으로 근로자가 부담하여야 할 보험료를 징수하여 두었다가 건강보험료 연말정산 후 다음해 4월 추가 고지금액을 납부하여야 합니다.

직원이 1명인 경우 4대보험 가입, 보험료 절약

직원이 1명인 경우에도 4대보험 가입을 하여야 합니다. 이 경우 최초 가입시 직원에게 지급할 급여를 책정하여 신고하여야 하며, 대표자 본인의 국민연금 및 건강보험료는 직원과 같은 금액으로 고지되므로 직원에 대한 비과세소득(식대, 차량유지비 등)을 최대한 계상하여 신고를 하시면 4대보험료를 절약할 수 있습니다.

휴직자(무급) 4대보험 납부

구 분	납부 여부
국민연금	면제
건강보험	납부 유예 복직 후 납부 단, 육아휴직의 경우 60% 감면
고용보험	면제
산재보험	면제

SECTION 02

직장가입자 건강보험료
지역가입자 건강보험료

1 직장가입자 건강보험료

ⓠ 건강보험료율 등

건강보험료는 직장가입자와 지역가입자로 구분이 됩니다. 직장가입자는 전년도 소득세법에서 정하는 과세대상 급여총액을 12로 나눈 금액에 **8.008%(2025년)**를 곱한 금액을 매 월 건강보험료로 부과하며, 사용자와 근로자가 반반씩(회사 4.004%, 근로자 4.004%) 부담하여 납부하는 것입니다.

따라서 당해 연도에 납부한 건강보험료는 전년도 급여총액을 기준으로 납부한 것으로서 당해 연도 급여가 인상된 경우 그 차액(당해 연도 급여총액 - 전년도 급여총액)에 8.008%를 곱한 금액을 추가로 고지하며, 추가 금액은 4월분 건강보험료에 합산이 되어 고지가 되므로 급여가 전년도에 비하여 인상된 경우 4월분 보험료가 많아져서 근로자에게 많은 부담이 되는 것입니다.

근로소득 외 소득이 있을 시 건강보험료 납부

근로자인 건강보험 직장가입자가 근로소득을 제외한 다른 소득(이자소득, 배당소득, 사업소득, 연금소득)의 연간 합계액이 **2,000만원을 초과**하는 경우 건강보험료를 추가로 납부하게 됩니다.

이 경우 근로소득 이외의 **소득월액에 8.008%(연금소득 및 근로소득의 경우 4.004%)를 곱하여 계산한 금액**을 매 월 추가 납부하게 됩니다.

근로자가 회사에 근무하면서 근로자 본인 명의로 별도의 사업자등록이 있고, 해당 사업장에 종업원이 있는 경우

현재 근무하는 회사에서 건강보험료를 납부하여야 하며, 본인 명의 사업장에 종업원이 있는 경우 사업자등록이 있는 사업장에서도 본인 및 종업원은 해당 사업장의 직장가입자로 건강보험료를 각각 납부하여야 합니다.

근로자가 회사에 근무하면서 근로자 본인 명의로 별도의 사업자등록이 있고, 해당 사업장에 종업원이 없는 경우

현재 근무하는 회사에서 건강보험료를 납부하여야 하나 종업원이 없는 사업장이 있는 경우에는 종업원이 없는 사업장에 대한 건강보험료를 신고 및 납부하지 않습니다. 따라서 근로자 본인은 직장 건강보험료만을 납부하시면 됩니다. 다만, 보수(근로소득)를 제외한 다른 소득(이자소득, 배당소득, 사업소득, 연금소득)의 연간 합계액이 **2천만원을 초과하는 경우** 소득을 기준으로 계산한 건강보험료를 추가로 납부하여야 합니다.

② 자녀등의 피부양자로 될 수 없는 경우

개요

[1] 건강보험 피부양자란

건강보험은 직장을 다니는 근로자의 경우 부담하는 직장가입자와 직장가입자에 해당하지 않는 경우 소득 및 재산의 정도에 따라 납부하는 지역가입자로 구분됩니다.

한편, 직장가입자 또는 지역가입자로서 건강보험료를 납부하는 경우 건강보험 가입자의 소득에 의하여 생계를 의존하는 사람으로서 소득 및 재산이 일정 기준 이하에 해당하는 사람은 건강보험료 가입자의 피부양자가 되어 별도의 보험료를 납부하지 않아도 됩니다. 즉, 피부양자란 건강보험 가입자의 소득에 의하여 생계를 의존하는 가족 구성원으로서 건강보험료를 별도로 납부하지 않아도 되는 사람을 말합니다.

[2] 건강보험 피부양자가 될 수 있는 경우

건강보험료 직장가입자 또는 지역가입자 건강보험료를 납부하는 본인의 배우자, 직계 비속(자녀), 동거하거나 동거하지 않더라도 동거하고 있는 형제자매가 없는 직계존비속(부모등)등으로서 일정 금액 이상의 재산 또는 소득이 없는 경우 본인의 피부양자로서 별도의 건강보험료 납부없이 건강보험 혜택을 누릴 수 있습니다.

따라서 은퇴자, 은퇴예정자의 경우 자녀의 건강보험료 피부양자 요건(재산 또는 소득이 일정한 금액에 미달하는 경우)에 해당하는지 여부를 미리 꼼꼼히 살펴보고, 납부하지 않아도 될 건강보험료를 납부하는 일이 없도록 하여야 할 것입니다.

🔟 자녀 등의 피부양자가 될 수 없는 경우

[1] 근로소득이 있는 경우

본인, 배우자, 부모, 자녀가 각각 직장에 근무하는 경우에는 본인 및 배우자, 부모, 자녀는 직장가입자로 각각 건강보험료를 납부하여야 합니다.

다만, 근로소득이 있더라도 1개월 동안의 근로시간이 60시간 미만인 단시간근로자는 건강보험료 가입대상이 아니므로 피부양자가 될 수 있습니다.

달리 말하면, 재산이 많거나 금융소득(이자소득, 배당소득)이 많아 자녀의 피부양자가 될 수 없어 지역 건강보험료 가입자에 해당하여 매월 납부하는 건강보험료가 부담이 되는 경우 월 60기간 이상을 근무하는 사업장 근로자가 될 수 있다면, 직장 근로자로서 직장 건강보험료만 납부를 하게 되어 지역 건강보험료 부담에서 벗어날 수 있습니다.

▶ 건강보험 가입대상이 아닌 자
1. 비상근 근로자 또는 1개월 동안의 소정근로시간이 60시간 미만인 단시간근로자
2. 근로자가 없거나 제1호에 해당하는 근로자만을 고용하고 있는 사업장의 사업주

□ 건강보험법 제6조(가입자의 종류)
② 모든 사업장의 근로자 및 사용자와 공무원 및 교직원은 직장가입자가 된다. 다만, 다음 각 호의 어느 하나에 해당하는 사람은 제외한다.

1. 고용 기간이 1개월 미만인 일용근로자
4. 그 밖에 사업장의 특성, 고용 형태 및 사업의 종류 등을 고려하여 대통령령으로 정하는 사업장의 근로자 및 사용자와 공무원 및 교직원

□ 건강보험법 시행령 제9조(직장가입자에서 제외되는 사람)
법 제6조제2항제4호에서 "대통령령으로 정하는 사업장의 근로자 및 사용자와 공무원 및 교직원"이란 다음 각 호의 어느 하나에 해당하는 사람을 말한다.
1. 비상근 근로자 또는 1개월 동안의 소정(所定)근로시간이 60시간 미만인 단시간근로자
4. 근로자가 없거나 제1호에 해당하는 근로자만을 고용하고 있는 사업장의 사업주

[2] 근로자의 배우자, 부모, 자녀가 사업자등록이 있는 경우

세대구성원이라 하더라도 배우자, 부모, 자녀가 사업소득이 있는 경우에는 배우자, 부모, 자녀는 근로자 본인의 피부양자가 될 수 없으며, 직장가입자(해당 사업장에 근로자가 있는 경우) 또는 지역가입자로 건강보험료를 별도로 납부하여야 합니다. 단, 소득이 없던 배우자, 부모, 자녀가 새로 사업자등록을 하였으나 종업원이 없는 경우 그 소득이 국세청의 통보에 의하여 건강보험공단에서 확인되기 전까지는 근로자 본인의 피부양자이므로 별도의 지역가입자에 해당하지 않습니다.

[3] 부양가족이 사업자등록 여부에 관계없이 주택임대소득이 있는 경우

부양가족이 사업자등록 여부에 관계없이 주택임대소득이 있는 경우 피부양자에서 제외됩니다.

[4] 사업자등록이 되어 있지 않더라도 사업소득(보험모집인 등), 기타소득 등의 연간 합계액이 500만원을 초과하는 자
사업자등록이 되어 있지 않더라도 사업소득(보험모집인 등), 기타소득금액(기타소득 - 필요경비) 등의 연간 합계액이 500만원을 초과하는 자는 피부양자가 될 수 없습니다.

[5] 부양가족이 소유한 재산의 재산세 과세표준이 9억원을 초과하는 자(부부의 경우 각각 판단)
부양가족이 소유한 재산의 재산세 과세표준이 9억원을 초과하는 자는 피부양자가 될 수 없습니다. 단, 부부의 경우 각각의 재산을 기준으로 9억원 초과 여부를 판정하게 됩니다.

따라서 본인의 재산세 과세표준이 9억원을 초과하는 경우 본인은 피부양자가 될 수 없으나 배우자 재산이 9억원 이하인 경우 배우자는 피부양자가 될 수 없는 다른 소득 요건등이 없는 경우 피부양자가 될 수 있으나 배우자의 재산도 9억원을 초과하는 경우 부부 각자가 별도로 건강보험료를 부담하여야 합니다.

[6] 부양가족이 소유한 재산이 재산세 과세표준이 5.4억원 초과 9억원 이하이나 연간소득이 1천만원을 초과하는 자
부양가족이 소유한 재산이 재산세 과세표준이 5.4억원 초과 9억원 이하이나 **연간소득(아래 내용 참조)** 합계액이 1천만원을 초과하는 경우 피부양자가 될 수 없습니다.

[7] 소득의 합계액이 연간 2,000만원을 초과하는 경우
부양가족의 소득(공적연금소득, 이자소득 및 배당소득의 합계액이 1천만원을 초과하는 경우 전체금액, 사업소득 등)이 2천만원을 초과하는 경우 피부양자가 될 수 없으며, 부부의 경우 부부 중 한 명이라도

소득요건을 초과하면, 피부양자 자격이 박탈되며, 소득이 없는 배우자도 피부양자 자격이 박탈됩니다.

▶ 공적연금
국민연금, 공무원연금, 사립학교교직원연금, 군인연금, 별정우체국연금

[보험료 경감고시] 지역가입자로 전환되는 피부양자 보험료 일부 경감
경제 상황을 고려해 피부양자 인정기준 강화에 따라 지역가입자로 전환되는 피부양자의 보험료를 2026년 8월까지 일부 경감
1. 경감대상자 : 부부합산소득이 2000만원 초과 3400만원 미만인 경우
2. 경감률 : 1년차 80%→ 2년차 60% → 3년차 40% → 4년차 20%
 ○ 2024년 60% 감면 기준 : '23년 탈락자, '24년 탈락자
 ○ 2025년 40% 감면 기준 : '23년 탈락자, '24년 탈락자, '25년 탈락자

건강보험 피부양자 대상 판단시 포함하는 소득

소득월액 산정에 포함되는 소득은 다음 각 호의 구분에 따른 금액을 합산한 금액으로 합니다. 다만, 이자소득과 배당소득의 연간합계액이 1천만원 이하인 경우 해당 이자소득과 배당소득은 합산하지 않습니다만, 1천만원을 초과하는 경우 아자소득과 배당소득 전액이 소득에 합산됩니다. (건강보험법 시행규칙 제44조)

1. 이자소득
통상의 금융이자(은행이자 등)는 이자소득에 포함하나 비과세되는 이자는 건강보험료 부과기준산정이 되는 이자소득에 포함하지 않습니다.

따라서 이자소득과 배당소득의 연간합계액이 1천만원을 초과할 것으로 예상되는 경우 비과세 금융상품에 가입하여 건강보험료 부담을 줄일 수 있도록 하시면 될 것입니다.

▶ 이자소득에서 제외되는 이자소득
○ 장기 저축성 보험 : 10년 이상 + 1억원 이하 저축성보험
[소득세법 제16조 ① 9] [소득세법 시행령 제25조]

○ 비과세되는 조합원예탁금(농협 등 3천만원 이하 예탁금 이자)
[조세특례제한법 제89조의3]

○ 65세 이상자등에 대한 비과세 종합저축(저축 원금 5천만원 이하)
[조세특례제한법 제88조의2]
○ ISA(개인종합자산관리계좌) 이자소득
[조세특례제한법 제91조의18]

■ 개인종합자산관리계좌(ISA)에 대한 과세특례
개인종합자산관리계좌(ISA)는 정부가 국민의 건전한 재산 증식을 도와 주기 위한 금융제도로서 가입기간은 3년 이상이고, 중도에 해당 계좌를 해지 않는 경우 채권투자 또는 예금에서 발생하는 이자소득에 대한 이자소득세 및 주식을 매입하는 경우 주주로서 받게되는 배당소득에 대한 배당소득세 합계액 중 연간 200만원(서민형 400만원)한도내의 금액은 이자소득세 또는 배당소득세를 과세하지 않으며,

한도금액을 초과하는 금액은 저율 과세(일반과세 14% → 저율과세 9%)되고, 종합소득에 합산하지 아니하므로(분리과세라 함) ISA 계좌를 개설한 후 ISA 계좌를 통하여 투자하면, 세금을 절세할 수 있습니다.

(가입대상) 15세 이상 거주자(금융소득종합과세자* 제외)
 * 이자·배당소득 합계액 2천만원 초과자
(운용자산) 예·적금, 펀드, 국내상장주식, 채권 등
(납입한도) 1억원(연 2천만원)

■ 일반형 ISA 계좌 및 서민형 ISA 계좌 구분
ISA 계좌 가입 당시 전년도 소득이 없거나 아래 금액 이하인 경우 서민형 ISA 계좌에 가입할 수 있으며, 아래 금액을 초과하는 경우 일반형 ISA 계좌 가입대상이 됩니다.
1. 직전 과세기간의 근로소득만 있는 경우 총급여액이 **5천만원** 이하인 거주자
2. 직전 과세기간의 종합소득과세표준에 합산되는 종합소득금액이 **3천8백만원** 이하인 거주자

> **세금 200만원(서민형 400만원)을 비과세받아 절세할 수 있는 경우**
> 1. 채권 투자 등으로 이자소득이 발생하는 경우
> - 이자소득이 있는 경우 이자소득세등 15.4%가 과세됨
> 2. 국내 주식에 투자하여 배당금 수익이 발생하는 경우
> - 배당소득이 있는 경우 배당소득세등 15.4%가 과세됨
> - 국내 주식 양도차익에 대한 세금은 없으므로 비과세와는 무관함
> 3. 국내에 상장된 해외 ETF에 투자하여 이익(매매차익, 배당금수익 등)이 발생하는 경우
> - 국내에 상장된 해외 ETF 매매차익 및 배당금수익에 대하여는 배당소득세등 15.4% 가 과세됨

2. 배당소득

주식등에 투자하여 투자의 대가로 법인으로부터 지급받는 배당금등의 수익을 말합니다.

3. 연금소득

공적연금(국민연금, 공무원연금, 사립학교직원연금, 군인연금 등) 소득 전액으로 합니다.

단, 건강보험료 산정대상 소득 중 연금소득은 현재 공적연금만을 대상으로 하고 있으며, 사적연금은 국민건강보험공단 정관 규정에 의하여 소득에 포함하지 않습니다.

4. 사업소득

사업소득은 사업소득에서 사업소득과 관련한 필요경비를 차감한 금액으로 합니다.

5. 기타소득

기타소득에서 필요경비를 제외한 금액으로 합니다. 예를 들어 일시적으로 제공하는 자문료 등의 경우 소득세법에서는 해당 자문료에서 자문료의 60%를 필요경비로 공제받을 수 있도록 규정하고 있으므로 자문료의 60%를 필요경비로 공제한 금액이 기타소득이 되는 것입니다.

6. 근로소득

사업장 근로자의 경우 해당 사업장에서 건강보험 직장가입자로 가입되므로 통상 피부양자에 해당하지 않습니다.

◐ 부양가족 중 소득이 있는 경우 건강보험료 납부

[1] 배우자(맞벌이부부), 부모, 자녀가 근로소득이 있는 경우
본인, 배우자, 부모, 자녀가 각각 직장에 근무하는 경우에는 본인 및 배우자, 부모, 자녀는 직장가입자로 각각 건강보험료를 납부하여야 합니다.

[2] 근로자의 배우자, 부모, 자녀가 사업자등록이 있는 경우
세대구성원이라 하더라도 배우자, 부모, 자녀가 사업소득이 있는 경우에는 배우자, 부모, 자녀는 근로자 본인의 피부양자가 될 수 없으며, 직장가입자(해당 사업장에 근로자가 있는 경우) 또는 지역가입자로 건강보험료를 별도로 납부하여야 합니다.

단, 소득이 없던 배우자, 부모, 자녀가 새로 사업자등록을 하였으나 종업원이 없는 경우 그 소득이 국세청의 통보에 의하여 건강보험공단에서 확인되기 전까지는 근로자 본인의 피부양자이므로 별도의 지역가입자에 해당하지 않습니다.

■ 부양가족이 사업자등록이 있거나 소득이 있더라도 본인의 피부양자(부양가족)에 해당하는 경우

1. 사업자등록을 하였으나 최초 종합소득세 신고를 하기전까지의 기간
2. 사업자등록이 되어 있지 않는 자로서 사업소득(보험모집인 등), 기타소득 등의 연간 합계액이 500만원 이하인 자
* 소득금액 : 총수입금액에서 필요경비를 차감한 금액(수익 - 비용)

■ 본인의 부양가족 중 건강보험료 피부양자가 될 수 없는 경우
국민건강보험법 시행규칙 [별표 1의2]

1. 부양가족이 사업자등록이 있는 경우로서 사업소득이 발생한 사업연도 이후

2. 부양가족이 사업자등록 여부에 관계없이 주택임대소득이 있는 경우

3. 사업자등록이 되어 있지 않더라도 사업소득(보험모집인 등), 기타소득 등의 연간 합계액이 500만원을 초과하는 자

4. 부양가족이 소유한 재산의 재산세 과세표준이 9억원을 초과하는 자

5. 부양가족이 소유한 재산이 재산세 과세표준이 5.4억원 초과 9억원 이하이나 연간소득이 1천만원을 초과하는 자

■ 재산세 과세표준
- 토지 : 시가표준액(공시지가) × 70%
- 건축물 : 시가표준액 × 70%
- 건축물 시가표준액 조회 → (구글 검색) 지방세 건축물 시가표준액
- 주택 : 시가표준액 × 60%

6. 다음 각목의 소득 합계액이 연간 2,000만원을 초과하는 경우
가. 이자소득
나. 배당소득
다. 사업소득금액 : 총수입금액 − 필요경비
라. 근로소득 : 근로소득 중 비과세소득을 제외한 소득
마. 연금소득 : 공적연금소득(국민연금, 공무원연금, 사립학교직원연금, 군인연금 등) 전액

- 연금소득은 현재 공적연금만으로 하며, 사적연금(금융기관 연금)은 국민건강보험공단 정관 규정에 의하여 소득에 포함하지 않는다.
바. 기타소득금액 : 기타소득 - 필요경비

> **Q & A** 국민연금, 공무원연금등이 연간 2천만원을 넘는 경우 자녀의 피부양자가 될 수 있나요?

국민연금 등 공적연금이 연간 2천만원을 초과하는 경우 자녀의 피부양자가 될 수 없습니다. 다만, 공적연금만 있는 분에 대하여 지역건강료를 부과하는 경우 연금소득의 50%를 소득으로 하여 건강보험료를 부과하므로 연금소득의 4%정도를 건강보험료로 부담하시면 됩니다.

■ 공적연금
국민연금, 공무원연금, 사립학교교직원연금, 군인연금, 별정우체국연금

피부양자 대상 여부 판정 소득 2천만원 기준

1) 또는 2)에 해당하는 경우 피부양자가 될 수 없으며, 이 경우 지역가입자로 보험료를 별도로 납부하여야 한다.
1) 국민연금, 공무원연금 등 공적연금이 2천만원을 초과하는 경우
2) 공적연금이 2천만원에 미달하나 이자 및 배당소득의 현간 합계택이 1천만원을 초과하는 경우 이자 및 배당소득 금액 전액과 공적연금의 합계액이 2천만원를 초과하는 경우

■ 피부양자에서 제외되는 소득금액 인하

피부양자의 연간 소득(사업소득이 없는 경우 → 연금, 이자.배당소득 등)이 3천4백만원 이하인 경우 피부양자 자격을 유지할 수 있었으나 2022년 9월 이후 피부양자의 **연 소득이 2000만원을 넘는 피부양자**는 지역가입자로 전환되어 별도로 보험료를 부담하여야 합니다.

▶ 건강보험 피부양자 자격 강화(연소득 3400만원 → 2000만원) 및 피부양자 자격 탈락에 따른 보험료 한시 경감

1) 종전에는 피부양자의 연소득이 3400만원 이하인 경우 자녀 등의 피부양자가 될 수 있었으나
2) 2022년 9월 이후 그 기준이 강화되어 연소득이 2천만언을 초과하는 경우 자녀 등의 피부양자에서 탈락하여 별도의 지역가입자로서 건강보험료를 부담하게 되었다.
3) 이로 인하여 급작스런 건강보험료 부담을 줄여주기 위하여 **부부합산 소득이 2000만원 초과 3400만원 미만인 경우 2026년 8월까지 경감**을 하여 주고 있다.

1. 경감대상자 : **부부합산소득이 2000만원 초과 3400만원 미만인 경우**
2. 경감률 : 1년차 80%→ 2년차 60% → 3년차 40% → 4년차 20%
○ 2024년 60% 감면 기준 : '23년 탈락자, '24년 탈락자
○ 2025년 40% 감면 기준 : '23년 탈락자, '24년 탈락자, '25년 탈락자

③ 실업자, 퇴직자에 대한 건강보험료 납부 특례

[1] 임의계속가입 제도란?

임의계속가입 제도는 실업자에 대한 건강보험료의 경제적 부담을 완화하기 위해 운영하고 있는 제도입니다.

지역보험료보다 임의계속가입자 보험료가 적은 경우 임의계속보험료로 건강보험료를 납부할 수 있으며, 퇴직 전 18개월간 직장가입자의 자격을 유지한 기간이 통산 1년 이상인 사람만 신청이 가능합니다.

재취업한 경우에도 최종 사용관계가 끝난 날을 기준으로 18개월 동안 통산 1년 이상 직장가입자 자격을 유지한 사람만 임의계속 재가입이 가능합니다.

[2] 임의계속가입자 신청 및 적용기간은?

임의계속가입자는 퇴직 후 최초로 지역가입자 보험료를 고지 받은 납부기한에서 2개월이 지나기 전 국민건강보험공단(1577-1000)에 신청해야 하며, 보험료는 퇴직 전 산정된 최근 12개월간의 보수월액을 평균한 금액이며, 퇴직일 다음 날부터 36개월간 적용 가능합니다.

- 개인사업장 대표자 제외(법인대표자, 재외국민, 외국인 대상자는 신청 가능)

[3] 신청 방법

임의계속가입자를 원할 경우 가입자 본인이 임의계속(가입/탈퇴) 신청서를 공단에 제출해야 합니다. 본인이 지사에 방문해 신청하거나 팩스, 우편, 유선 등으로 신청할 수 있습니다. 가입자 본인 신청이 원칙이나 본인에게 국외출국, 군입대, 시설수용, 병원입원 등 부득이한 사유가 있는 경우 그 가족이 신청할 수 있습니다. 다만, 추후 가입자가 사실을 거부할 경우 취소될 수 있습니다.

▶ **유의사항**
재산, 소득 등에 따라 지역보험료가 달라질 수 있으며 가족 중 사업소득 등이 있거나 주소지가 다른 피부양자가 있는 경우 지역보험료와 임의계속보험료가 각각 고지될 수 있으므로 반드시 확인 후 신청해야 합니다.

４ 자영업자의 지역 건강보험료 부과기준

> 건강보험료는 자녀의 학비지원, 의료비환급 등 국가 복지지원정책의 기준금액이 되는 기본자료 이므로 건강보험료 부과기준 금액을 알아 두면 매우 유용합니다.

개요

건강보험료 직장가입자가 아닌 경우(근로자가 없는 개인 사업자인 세대주 또는 직업이 없는 세대주 등)에는 지역가입자로 건강보험료를 납부하여야 합니다.

지역가입자의 경우 **소득, 재산 보유현황, 자동차의 종류** 등을 기준으로 건강보험료를 계산하여 건강보험공단에서 매 월 보험료를 고지합니다. 따라서 재산을 취득하거나 자동차를 구입할 시 건강보험료 추가 부담액을 미리 계산하여 본 다음 재산 취득 또는 자동차 구입을 하는 것이 도움이 될 것입니다.

▶ **피부양자 대상 여부 판정시 소득기준**

피부양자의 소득[공적연금소득, 이자소득, 배당소득, 기타소득금액)]이 연간 2천만원을 초과하는 경우 피부양자에서 제외되며, 이 경우 소득의 합계액으로 하되, 비과세소득 및 이자소득, 배당소득의 합계액이 1천만원 이하인 금액은 포함하지 않습니다.

- 공적연금소득 : 국민연금, 공무원연금, 군인연금, 사립학교 연금등

지역건강보험료 부과 체계

지역가입자 월별 보험료액은 소득과 재산에 따라 산정한 금액을 합산한 금액([1] + [2])으로 하며, 보험료액은 세대 단위로 산정합니다.

[1] 소득월액(연간 소득 ÷ 12)

(1) 지역 건강보험료 부과에 포함하는 소득
· 연금소득 : 공적연금 전액의 **100분의 50**
· 사업소득 : 총수입금액에서 필요경비를 차감한 소득
· 이자소득 및 배당소득 : 연간 1천만원을 초과하는 경우 전액
- 연간 1천만원 이하인 경우 소득에 포함하지 않습니다.
· 기타소득 : 기타소득에서 필요경비를 차감한 금액
· 근로소득 : 근로소득(비과세소득 제외)의 **100분의 50**
- 직장건강보험료에 가입이 되지 않은 경우의 근로소득

> **Q&A** 기초연금의 경우에도 지역 건강보험료가 부과되는 소득에 포함하나요?

65세 이상 국민 중 소득 하위 70%에게 지급되는 기초연금은 건강보험료 부과기준이 되는 소득에 포함하지 않습니다.

▶ 이자소득에서 제외되는 이자소득(비과세소득)
● 장기 저축성 보험 : 10년 이상 + 1억원 이하 저축성보험
[소득세법 제16조 ① 9] [소득세법 시행령 제25조]

● 비과세되는 조합원예탁금(농협 등 3천만원 이하 예탁금 이자)
[조세특례제한법 제89조의3]

● 65세 이상자등에 대한 비과세 종합저축(저축 원금 5천만원 이하)
[조세특례제한법 제88조의2]

● ISA(개인종합자산관리계좌) 이자소득
[조세특례제한법 제91조의18]
근로자, 자영업자, 농어민의 재산형성을 도와 주시 위해 도입한 금융상품으로 개인종합자산관리계좌에서 발생하는 이익에 대하여는 일정한도내(비과세 한도 200만원, 서민, 농어민400만원),에서 세금을 부과하지 아니하고 만기 인출시 세제혜택을 부여하고 있다.

(2) 지역가입자 보험요율 [2024년, 2025년]

구 분	회사분	종업원분	합계	비 고
건강보험요율(합계)	4.004%	4.004%	8.008%	
국민건강보험료	3.545%	3.545%	7.090%	
노인성장기요양보험	0.459%	0.459%	0.918%	

■ 국민연금이 월 100만원인 경우 소득에 부과되는 건강보헙료
● 공적연금(국민연금, 공무원연금, 군인연금, 교직원연금 등)의 경우 연금소득의 50%를 건강보험료 부과기준이 되는 소득으로 한다.
– 소득 보험료 40,000원 (1,000,000원 × 50% × 8%)
● 기초연금은 건강보험료 기준이 되는 소득에 포함하지 않는다.

[2] 재산

재산에 부과되는 지역건강보험료는 지역가입자가 속한 세대의 지역건강보험료 부과대상 재산의 재산세과세표즌금액에서 아래 금액을 차감한 금액이 속한 재산금액 그룹의 해당 점수에 208.4원을 곱하여 계산합니다.

(1) 지역건강보험료 부과대상 재산 합계액
1. 토지, 건축물, 주택, 선박의 재산세 과세표준금액
2. 무주택자의 전세보증금의 30%

■ 재산세 과세표준
1. 토지 : 시가표준액(공시지가) × 70%
2. 건축물 : 시가표준액 × 70%
- 건축물 시가표준액 조회 → (구글 검색) 지방세 건축물 시가표준액
3. 주택 : 시가표준액 × 60%

■ 1세대1주택인 경우 재산세 과세표준
가. 시가표준액 3억원 이하인 주택: 시가표준액의 100분의 43
나. 시가표준액 3억원 초과 6억원 이하 주택: 시가표준액의 100분의 44
다. 시가표준액 6억원을 초과하는 주택: 시가표준액의 100분의 45

■ 보증금 및 월세금액의 평가방법 [국민건강보험법 시행규칙] [별표 8]
1. 영 별표 4 제1호나목2)에 따른 임차주택에 대한 보증금 및 월세금액의 평가방법은 다음과 같다.

> [보증금 + (월세금액에 40을 곱한 금액)] × 평가 비율

2. 제1흐에서 평가 비율은 100분의 30으로 한다.
3. 제1호에서 {보증금 + (월세금액에 40을 곱한 금액)}(이하 "기준액"이라 한다)이 임대차계약의 변경 또는 갱신으로 인상된 경우(임대차목적물이 변경되어 기준액이 인상된 경우는 제외한다)로서 인상된 금액이 인상 전 기준액의 100분의 10을 초과한 경우에는 그 변경되거나 갱신된 계약기간 동안의 기준액은 인상 후 기준액에서 그 초과 금액을 뺀 금액으로 한다.

(2) 지역건강보험료 부과대상 재산 합계액에서 공제되는 금액

1. 1억원
2. 1세대 1주택자의 주택담보대출잔액 × 공정시장가액비율
- 한도액 5천만원
3. 무주택자의 전세보증금 담보대출금액 × 30%

(3) 지역건강보험료 가구의 재산에 부과되는 건강보험료

재산등급별 부과점수에 점수당 금액(208.4원)을 곱하여 얻은 금액으로 합니다.

▶ 재산등급별 점수

등급	재산금액(만원)	점수	등급	재산금액(만원)	점수
1	450 이하	22	31	38,800 ~ 43,200	757
2	450 ~ 900	44	32	43,200 ~ 48,100	785
3	900 ~ 1,350	66	33	48,100 ~ 53,600	812
4	1,350 ~ 1,800	97	34	53,600 ~ 59,700	841
5	1,800 ~ 2,250	122	35	59,700 ~ 66,500	881
6	2,250 ~ 2,700	146	36	66,500 ~ 74,000	921
7	2,700 ~ 3,150	171	37	74,000 ~ 82,400	961
8	3,150 ~ 3,600	195	38	82,400 ~ 91,800	1,001
9	3,600 ~ 4,050	219	39	91,800 ~ 103,000	1,041
10	4,050 ~ 4,500	244	40	103,000 ~ 114,000	1,091
11	4,500 ~ 5,020	268	41	114,000 ~ 127,000	1,141
12	5,020 ~ 5,590	294	42	127,000 ~ 142,000	1,191
13	5,590 ~ 6,220	320	43	142,000 ~ 158,000	1,241
14	6,220 ~ 6,930	344	44	158,000 ~ 176,000	1,291
15	6,930 ~ 7,710	365	45	176,000 ~ 196,000	1,341
16	7,710 ~ 8,590	386	46	196,000 ~ 218,000	1,391
17	8,590 ~ 9,570	412	47	218,000 ~ 242,000	1,451
18	9,570 ~ 10,700	439	48	242,000 ~ 270,000	1,511
19	10,700 ~ 11,900	465	49	270,000 ~ 300,000	1,571

20	11,900 ~ 13,300	490	50	300,000 ~ 330,000	1,641
21	13,300 ~ 14,800	516	51	330,000 ~ 363,000	1,711
22	14,800 ~ 16,400	535	52	363,000 ~ 399,300	1,781
23	16,400 ~ 18,300	559	53	399,300 ~ 439,230	1,851
24	18,300 ~ 20,400	586	54	439,230 ~ 483,153	1,921
25	20,400 ~ 22,700	611	55	483,153 ~ 531,468	1,991
26	22,700 ~ 25,300	637	56	531,468 ~ 584,615	2,061
27	25,300 ~ 28,100	659	57	584,615 ~ 643,077	2,131
28	28,100 ~ 31,300	681	58	643,077 ~ 707,385	2,201
29	31,300 ~ 34,900	706	59	707,385 ~ 778,124	2,271
30	34,900 ~ 38,800	731	60	778,124 초과	2,341

SECTION 03

개인기업 사업주의
4대보험가입 및 보험료

> 근로자를 1인 이상 고용하고 있는 사업주는 국민연금 및 건강보험료를 사업장 가입자로 납부하여야 합니다. 단, 근로자가 없는 경우 국민연금 및 건강보험을 지역가입자로 보험료를 납부하여야 합니다.
> 사업주 본인은 고용보험 및 산재보험에 가입할 의무가 없으나 신청에 의하여 임의 가입할 수 있습니다.

1 개인기업 사업주의 4대보험료

국민연금

사업자의 경우 사업 소득금액을 기준으로 국민연금을 고지하며, 별도의 정산은 필요하지 않습니다.

건강보험료

▶ 종업원이 있고, 사업장으로 가입이 되어 있는 경우

① 대표자는 사업장 가입자로 건강보험료를 납부하여야 하며, 건강보험공단은 전년도 사업소득을 12로 나눈 금액에 보험료율을 곱한 금액을 매월 고지합니다.

② 개인 사업자가 건강보험공단의 고지에 의하여 납부한 건강보험료는 전년도 사업소득을 기준으로 납부한 금액이므로 당해 연도의 사업소득으로 확정하여 정산을 하게 됩니다. 따라서 개인 사업자 본인은 매년 5월 15일까지 공단에서 사업장으로 송부하는 '직장가입자 보수총액통보서'에 보수총액을 기재하여 **5월 31일**(성실신고확인대상 사업자는 6월 30일) 끼지 제출하여야 하며, 건강보험공단은 6월분(성실신고확인사업자는 7월분) 고지시 정산금액을 같이 고지합니다.

▶ 대표자의 보수총액
개인 사업자는 급여를 받는 것이 아니라 사업을 운영하여 1년간의 총수입금액(매출 등)에서 필요경비(매출을 위하여 사용소비된 경비)를 차감한 금액이 소득이 되는 깃이므로 개인 사업자 본인은 당해 연도 중 사업장에서 발생한 사업소득(총수입금액 - 필요경비)을 보수총액으로 합니다. 단, 사업소득이 없거나 사업소득으로 산정한 보수월액이 당해 사업장 근로자의 최고월액보다 낮은 경우에는 당해 사업장 근로자의 최고월액에 해당하는 보수월액을 개인 사업자의 보수월액으로 합니다.

③ 사업장이 두 군데 이상인 경우 각 사업장별로 건강보험료를 납부하여야 합니다.

④ 사업소득 이외에 근로소득이 있는 경우 사업소득 및 근로소득을 제공하는 사업장에서 각각 건강보험료를 납부하여야 합니다.

▣ 종업원이 없는 경우

① 사업장에 종업원이 없거나 종업원이 있어도 사업장 가입자로 신고를 하지 않는 경우 지역 건강보험료가 부과됩니다.

② 사업장에 종업원이 없는 경우 지역 건강보험료를 납부하여야 합니다만, 사업자가 다른 사업장의 근로자로서 직장가입자가 되는 경우 해당 사업장의 직장가입자가 되며, 이 경우 지역건강보험료는 납부하지 않아도 됩니다.

③ 재산이 많아 지역건강보험료가 부담이 되는 경우로서 배우자가 사업장 업무에 종사한다면, 사업장 적용 신고를 하여 본인 및 배우자가 직장가입자로서 본인은 사업소득을 기준으로 배우자는 급여를 기준으로 건강보험료를 각각 납부할 수 있습니다.

사업장 적용을 받는 경우 국민연금도 직장가입자로 가입하여 각각 납부를 하여야 합니다만, 배우자의 급여가 260만원 이하인 경우 배우자의 국민연금불입액 중 80%를 국가로부터 보조를 받을 수 있습니다. (두루누리 제도 참조)

▶ 사업장 대표자가 지역가입자인 경우 건강보험료 정산
1. 2024년도 소득 발생
2. 2025년도 5월 종합소득세 신고 (소득자 → 국세청)
3. 2025년도 10월 소득 자료 전송 (국세청 → 건강보험공단)
4. 2025년도 11월 건강보험료 정산 및 고지 (건강보험공단 → 소득자)

고용보험 및 산재보험

종업원이 1인 이상인 사업장의 사업주는 건강보험 및 국민연금은 가입하여야 하나 고용보험 및 산재보험은 가입대상이 아닙니다만, 사업주가 신청하는 경우 임의 가입할 수는 있습니다.

배우자, 직계존비속의 직원채용과 4대보험 가입

▶ **급여 책정**

배우자 또는 직계존비속을 근로자로 채용하는 경우로서 배우자 또는 직계존비속외의 다른 근로자가 없는 경우 근로기준법의 적용을 받지 아니하므로 최저임금 미만으로 급여를 책정하더라도 특별히 문제가 될 점은 없으므로 국민연금, 건강보험료 부담을 줄이고자 하는 경우 최저임금 미만으로 급여를 책정하여도 무방합니다.

▶ **국민연금 및 건강보험**

가족을 직원으로 채용하는 경우 가족 개인의 소득이 발생하므로 국민연금 및 건강보험 직장가입자로 가입을 하여야 하며, '사업장적용신고서' 및 '사업장가입자 자격취득 신고서'를 국민연금공단 또는 건강보험공단에 제출을 하여야 하며, 가족의 경우에도 두루누리 혜택(국민연금 일부 국가지원제도)을 받을 수 있으므로 '사업장적용신고서'에 연금(고용)보험료 지원 신청란에 체크 표시를 하시면 됩니다.

한편, 가족만으로 구성된 회사의 경우에는 고용보험 및 산재보험은 가입할 수 없습니다.

② 자영업자의 지역 건강보험료 부과기준

> 건강보험료는 대출시 소득금액 증빙, 자녀의 학비지원, 의료비환급 등 국가 복지지원정책의 기준금액이 되는 기본자료 이므로 건강보험료 부과기준 금액을 알아 두시면 매우 유용합니다.

건강보험료 직장가입자가 아닌 경우(근로자가 없는 개인 사업자인 세대주 또는 직업이 없는 세대주 등)에는 지역가입자로 건강보험료를 납부하여야 합니다.

지역가입자의 경우 **소득, 재산 보유현황, 자동차의 종류** 등을 기준으로 건강보험료를 계산하여 건강보험공단에서 매 월 보험료를 고지합니다. 따라서 재산을 취득하거나 자동차를 구입할 시 건강보험료 추가 부담액을 미리 계산하여 본 다음 재산 취득 또는 자동차 구입을 하는 것이 도움이 될 것입니다.

▶ 피부양자 대상 여부 판정시 소득기준

피부양자의 소득[공적연금소득, 이자소득, 배당소득, 기타소득금액)]이 연간 2천만원을 초과하는 경우 피부양자에서 제외되며, 이 경우 소득의 합계액으로 하되, 비과세소득 및 이자소득, 배당소득의 합계액이 1천만원 이하인 금액은 포함하지 않습니다.

[상세 내용] 지역가입자 건강보험료 부과기준

③ 자영업자 본인 고용보험 가입

사업주 본인은 고용보험의무가입대상자는 아닙니다만, 사업부진 등의 사유로 폐업하는 경우 근로자와 같이 일정기간 동안의 실업급여를 지원하여 주기 위하여 근로자를 사용하지 아니하거나, 50인 미만 근로자를 사용하는 자영업주(개인사업장은 사업주, 법인은 대표이사)로서 아래 요건을 모두 갖춘 사업자 본인은 고용보험에 임의가입을 할 수 있으며, 자세한 내용은 근로복지공단에 문의를 하시면 됩니다.

1. 사업자등록증을 갖춘 자
2. 실업급여 수급 종료일로부터 2년 이내인 자
3. 임금근로자로 피보험자격이 취득되어 있지 않은 자

▶ 실업급여 관련 고용보험 가입을 할 수 없는 사업자
① 다음 각 호의 어느 하나에 해당하는 사업
1. 농업·임업·어업 또는 수렵업 중 법인이 아닌 자가 상시 4명 이하의 근로자를 사용하는 사업
② 부동산임대업

▶ 자영업자 고용보험요율 = 기준보수액 × 보험요율
보험요율 : 2.25% (실업급여 2% + 고용안정·직업능력개발사업 0.25%)

상세 내용
[구글] (검색어) 자영업자 고용보험 [고용24]
[구글] (검색어) 2025년 소상공인 고용보험료 지원사업 [기업마당]

4 자영업자 산재보험 가입

[1] 종업원 50명 미만 자영업자 본인 산재보험 가입

사업주 본인은 산재보험의무가입 대상자는 아닙니다만, 보험가입자로서 **50명 미만의 근로자를 사용하는 사업주**의 경우 근로복지공단의 승인을 얻어 자기 또는 유족을 보험급여를 받을 수 있는 자로 하여 보험에 가입할 수 있습니다.

[2] 자영업자 산재보험 가입 신청 및 승인

중·소기업 사업주가 보험에 가입하고자 하는 『중·소기업 사업주 산재보험 가입신청서』를 작성하여 공단에 제출하여야 하며, 신청 및 가입절차는 근로복지공단(☎1588-0075)에 문의하시면 자세한 안내를 받을 수 있습니다.

① 중·소기업 사업주에 대한 보험료 및 보험급여의 산정기준이 되는 보수액 및 평균임금은 고용노동부장관이 고시하는 금액으로 하고 보험료율은 당해 사업이 적용받는 보험료율로 합니다.

■ 월 보험료 = 월단위 보수액 × 당해 사업장 산재보험료율

② 보험에 가입된 중·소기업 사업주는 보험연도마다 고용노동부장관이 고시하는 월 단위 보수액의 등급 중 하나를 선택하여 해당 보험연도의 전년도 12월 말일까지 다음 보험연도 월보수를 공단에 신고하여야 합니다.

SECTION 03
4대보험료 납부에 따른 혜택 등

4대보험료를 납부하는 경우 근로자 본인 및 사업주에 대하여 여러 가지 혜택이 있으며, 그 내용을 살펴보면 다음과 같습니다.

1 국민연금 불입에 따른 혜택

◎ 국민연금 수급

국민연금은 기간에 관계없이 120회 이상 불입을 하여야 연금형태를 지급을 받을 수 있으며, 120회 미만 불입한 경우 연금수령 시점에 원금에 대한 이자를 포함하여 일시불로 지급을 받게 됩니다.

♣ 보건복지부 → 정책 → 연금 → 국민연금정책 → 국민연금급여

▶ 노령연금

[1] 노령연금 수급 개시 연령

노령연금이란 통상의 국민연금으로 가입자가 일정 연령 이상이 되는 월부터 지급하는 연금을 말합니다. 노령연금의 수급 개시 연령은 만 60세이나, 그 지급연령이 높아져 2013년부터는 5년마다 1세씩 연장하여 2033년부터는 65세부터 지급받을 수 있으며, 출생연도별 수급 개시연령은 다음과 같습니다.

■ 연령별 국민연금 수급연도

출생연도	노령연금수급연령	조기연금수급연령
1953 ~ 1956년생	61세	56세
1957 ~ 1960년생	62세	57세
1961 ~ 1964년생	63세	58세
1965 ~ 1968년생	64세	59세
1969년생 이후	65세	60세

[2] 노령연금 수령액

연금액은 본인의 가입기간 및 가입 중 평균소득액, 전체 가입자의 평균소득액을 기초로 계산됩니다. 수령액 산식은 다소 복잡하기 때문에 자세한 사항은 국민연금 홈페이지(내 연금 알아보기)에서 예상 연금액을 조회하시어 향후 받게 될 금액을 확인(공인인증서 필요)하시기 바라며, 나중에 받게 될 예상연금액과 그동안 납부한 내역을 국민연금 홈페이지에서 확인할 수 있습니다.

예상연금액은 '국민연금 홈페이지 → 내연금노후설계 → 국민연금 예상연금 조회'에서 현재까지 납부한 보험료를 기준으로 만 60세 또는 연금수급가능 시까지 계속 납부하는 것을 가정한 예상연금액을 알아볼 수 있습니다.

Q&A 부양가족이 많은 경우 국민연금을 더 받을 수 있나요?

부양가족이 있을 경우 국민연금을 더 받을 수 있습니다. 부양가족연금은 연금을 받는 분의(유족연금의 경우에는 사망한 가입자 또는 가입자였던 분의)배우자, 자녀(18세 미만 또는 장애2급 이상), 부모(60세 이상 또는 장애2급 이상, 배우자의 부모 포함)로서 연금을 받으시는 분에 의해 생계를 유지하는 경우에 지급되며, 가입기간 등에 관계없이 정액으로 지급됩니다. 유족연금의 경우에는 지급사유 발생 당시 가입자 또는 가입자이었던 분에 의하여 생계를 유지하고 있던 분이 부양가족연금 대상입니다.

▶ 조기노령연금

① 국민연금 가입기간이 10년 이상되는 분은 소득이 일정 금액에 미달하거나 **소득이 있는 업무**에 종사하지 않는 경우 연령별 수급시기 전이라도 연금지급을 청구할 수 있으며, 이를 '조기노령연금'이라 합니다.

② '소득이 있는 업무'라 함은 최근 3년간의 국민연금 전체가입자의 평균소득월액의 평균액'(2022도 기준 월평균 2,681,724원)이며, 이 금액은 매년 변동됩니다.

③ 월 평균소득금액이란 사업소득금액(총수입금액 - 필요경비) 및 근로소득금액(근로소득 - 근로소득공제)을 합산한 금액을 당해연도 근무 종사월수로 나눈 금액을 말합니다. 조기노령연금은 연금을 지급받기 시작하는 연령에 따라 지급률(노령연금대비 지급비율)이 달라지며, 그 내용은 다음과 같습니다.

■ 연령별 조기노령연금 수령 비율

조기연금＼출생연도	1953년~1956년생	1957년~1960년생	1961년~1964년생	1565년~1968년생	1969년생 이후
만56세	70%				
만57세	76%	70%			
만58세	82%	76%	70%		
만59세	88%	82%	76%	70%	
만60세	94%	88%	82%	76%	70%
만61세		94%	88%	82%	76%
만62세			94%	88%	82%
만63세				94%	88%
만64세					94%

▷ 재직자 노령연금

재직자 노령연금이란 가입기간이 10년 이상이고 국민연금 수급연령에 도달하였으나 소득이 있는 업무에 종사하고 있는 경우 60세 이상 65세 미만의 기간 동안 일정금액을 감액하여 지급하는 연금입니다. 단, 연금을 받을 당시 소득이 있는 업무에 종사하여 재직자노령연금을 받았다 하더라도 65세 이전에 소득이 있는 업무에 종사하지 않게 되면, 가입기간에 따라 완전노령연금이나 감액노령연금으로 변경하여 지급을 받게 됩니다.

▷ 장애연금

장애연금은 가입자의 가입중에 발생한 질병 또는 부상이 완치(진행중인 때는 초진일로부터 1년 6개월 경과시)되었으나 신체적 또는 정신적 장애가 남았을 때 이에 따른 소득 감소부분을 보전함으로써 자신과 가족의 안정된 생활을 보장하기 위한 급여로서 장애정도(1급~4급)에 따라 일정한 급여를 지급합니다.

➡ 유족연금

① 유족연금은 국민연금에 가입하고 있는 사람 또는 연금을 받던 사람이 사망하면 그에 의하여 생계를 유지하던 유족에게 가입기간에 따라 기본연금액의 일정률(40~60%)을 지급하여 남아있는 가족들이 안정된 삶을 살아갈 수 있도록 하기 위한 연금입니다.

가입기간	연금액
10년 미만	기본연금액 40% + 부양가족연금액
10년 이상 20년 미만	기본연금액 50% + 부양가족연금액
20년 이상	기본연금액 60% + 부양가족연금액

② 유족연금은 가입자 또는 가입자였던 분이 사망하거나, 노령연금 수급권자 또는 장애등급 2급 이상의 장애연금 수급권자가 사망하여 수급요건을 충족하는 경우에 그 유족의 생활을 보장하기 위하여 지급하는 연금입니다.

③ 유족연금은 사망 당시 수급자에 의하여 생계를 유지하고 있던 분 중 배우자, 자녀(만 19세미만이거나 장애등급 2급 이상), 부모(만 60세 이상이거나 장애등급 2급 이상), 손자녀(만 19세미만 또는 장애등급 2급 이상) 순으로 최우선 순위자에게 지급되며, 이를 충족하게 되면 우선순위에 의해 유족연금을 지급받을 수 있습니다.

▶ **부부가 모두 국민연금에 가입한 경우 유족연금**

부부가 국민연금을 수령하던 중 배우자가 사망하는 경우 유족연금(40% ~ 60%)의 100분의 30에 상당하는 금액만 추가로 지급받게 되므로 배우자가 국민연금에 임의 가입하고자 하는 경우 이 점을 유의하여야 합니다.

② 고용보험료 납부에 따른 혜택

> 사업주 및 근로자가 납부하는 고용보험료를 재원으로 정부는 사업주와 근로자를 위하여 지원사업을 실시하며, 자세한 내용은 고용노동부에서 운영하는 '**고용보험**' 홈페이지를 참고하시기 바랍니다.

ⓐ 근로자 지원제도

- 재직근로자 훈련지원
- 근로자 수강 지원금 지원
- 실업자 훈련지원
- 실업자 재취업 훈련지원
- 실업급여
- 육아휴직급여
- 산전후휴가급여

ⓑ 사업주 지원제도

- 고용유지 지원금
- 무급휴업·휴직 고용유지 지원금
- 정년연장 지원금
- 출산육아기 고용안정 지원금

♣ 상세 내용 : 고용보험(홈페이지) → 기업혜택안내

③ 의료비 본인부담금 환급제도

개요

본인부담상한제는 환자 본인이 부담하는 의료비가 개인별 상한금액을 초과하는 경우, 초과 금액을 환급하여 주는 제도입니다.

건강보험공단은 병원비 부담액 중 비급여(보험이 되지 않는 의료비)를 제외한 **연간(1월 1일 ~ 12월 31일) 의료비**가 건강보험료 부담 수준에 따라 87만원부터 808만원을 초과하는 경우 그 초과되는 금액을 전액 돌려주며, 이 제도가 의료비 환급제도입니다.

예를 들어 의료보험이 적용되는 연간 의료비를 5백만원 지출한 경우로서 소득수준(건강보험료 납부금액 기준)이 중위 4분위에 해당하는 경우 167만원을 초과하는 333만원을 환급을 받을 수 있으므로 가족의 경제적인 부담이 현저히 줄어들게 됩니다.

단, 의료보험이 되지 않는 특진비, 2인실 또는 1인실 등의 비용과 비급여 적용대상 진단비용 등은 환급대상이 아닌 점을 유의하여 특수검사의 경우 검사 전 검사비용 및 의료보험 여부를 확인하여 검사 여부를 결정하여야 할 것입니다.

> **참고** 의료비 환급적용 제외 및 환수대상
> MRI일부금액, 선택진료비, 상급병실료 차액, 비급여항목은 제외되며, 보험료체납 후 진료, 기타 부당한 방법, 고의·중대한 과실에 의한 진료, 교통사고, 업무상 부상으로 인한 진료, 제3자 가해행위로 인한 진료 등으로 확인 되었을 시 환급액의 전부 또는 일부가 환수될 수 있다.

■ 종합병원 인실별 본인부담률

구분		1인실	2인실	3인실	4인실	5인실 이상
상급종합	비급여		50%	40%	30%	20%
종합병원			40%	30%	20%	20%

▶ **요양급여비용 중 본인이 부담하는 상한액**

매년 산정·적용되는 소득수준별 본인부담상한액은 국민건강보험공단 홈페이지에서 확인할 수 있다.

의료비 본인부담상한액 및 환급

■ 2024년 본인부담상한액 [국민건강보험법 시행령 별표 3]

저소득			연평균 보험료 분위 →			고소득
1분위	2~3분위	4~5분위	6~7분위	8분위	9분위	10분위
87만원	108만원	167만원	313만원	428만원	514만원	808만원

- 요양병원 120일 초과 입원

138만원	174만원	235만원	388만원	557만원	669만원	1,050만원

> **보험료 분위 기준일**
>
> 건강보험 피부양자의 경우 해당연도 현재 부양의무자의 소득분위에 따라 환급기준금액이 결정됩니다.
> 예를 들어 노모의 2024년도 의료비 지출액(비급여금액은 제외)이 500만원이고, 12.1. 현재 본인이 부양자인 경우 노모의 의료비 및 본인, 본인 가족 의료비가 200만원인 경우로서 본인의 직장 가입자 건강보험료 본인부담금이 12만원인 경우 7분위에 해당하므로 환급대상금액은 272민원(700만원 - 428만원)입니다.

□ 소득분위별 본인부담상한액 및 월별 기준보험료 [2024년]

구 분 (분위)	소득분위별 본인부담상한액		본인부담상한액 월별 기준보험료 (장기요양보험료 제외)	
	본인부담상한액		직장가입자 (본인부감금)	지역가입자
	120일 이하 입원	120일 초과 입원		
1	87만원	138만원	56,330원 이하	12,840원 이하
2~3	108만원	174만원	56,330원 초과 80,510원 이하	12,840원 초과 19,780원 이하
4~5	167만원	235만원	80,510원 초과 106,750원 이하	19,780원 초과 38,930원 이하
6~7	313만원	388만원	106,750원 초과 154,120원 이하	38,930원 초과 103,580원 이하
8	428만원	557만원	154,120원 초과 194,500원 이하	103,580원 초과 142,650원 이하
9	514만원	669만원	194,500원 초과 265,900원 이하	142,650원 초과 223,930원 이하
1위	808만원	1,050만원	265,900원 초과	223,930원 초과

기간 : 1년 (2024년1월1일~12월31일)

■ 2025년 본인부담상한액 [국민건강보험법 시행령 별표 3]

저소득			연평균 보험료 분위 →				고소득
1분위	2~3분위	4~5분위	6~7분위	8분위	9분위		10분위
89만원	110만원	170만원	320만원	437만원	525만원		826만원

- 요양병원 120일 초과 입원

| 141만원 | 178만원 | 240만원 | 396만원 | 569만원 | 684만원 | 1,074만원 |

▶ 보험료는 매 년 재조정됨

■ 법제저 → (검색어) 본인부담상한액 → 행정규칙
■ 법제처 → 국민건강보험법 시행령 → [별표 3] 본인부담상한액

▶ **의료비 본인부담금 환급절차**

(1) 사전 적용
같은 병원에서 계속 입원진료 중 건강보험 본인부담금(선택진료비 등 비급여 부분 제외)이 연간 808만원을 초과할 경우, 병원은 808만원까지만 청구하고 그 초과액은 공단에 청구하는 것을 말합니다.

(2) 사후 적용
가입자가 여러 병원(약국 포함)에서 진료하고 부담한 건강보험 본인부담금 (선택진료비 등 비급여 부분은 제외)을 집계하여 상한액을 초과한 본인부담금을 환급하여 주는 제도로서 공단은 사후환급대상이 되는 분께 **다음해 8월 중** 지급신청 안내문을 보내줍니다.

▶ **일정금액 초과하는 의료비 환급금 조회**
국민 건강보험 홈페이지 → 환급금 조회/신청

Q&A 농어촌에서 생활하시는 부모님의 주소지를 부양의무자인 근로자의 주소지로 이전하는 것은 좋은가?

농어촌에서 생활하시는 부모님의 건강보험료는 대부분 지역가입자 하위 50%에 해당하여 건강보험료가 얼마 되지 않아 의료비 지출액이 최하위 보험료 납부자의 경우 연간 의료비가 87만원을 초과하면, 부담한 의료비 중 87만원을 초과하는 금액은 환급을 받을 수 있습니다.

또한 비급여부분도 재난적 의료비 지원대상에도 해당될 수 있기 때문에 정부의 의료비 지원혜택을 받기 위해서는 부모님을 부양의무자의 주소로 이전을 하지 않는 것이 좋을 것입니다.

참고로 농·어촌에서 생활하시는 부모님 주소지를 근로자의 주소지로 이전하지 않아도 연말정산시 부양가족으로 공제를 받을 수 있습니다.

SECTION 04

일용근로자 근로기준법 4대보험 및 원천징수실무

일용근로자 근로소득세 원천징수방법 및 4대보험 신고에 대한 내용에 대하여 살펴보도록 하겠습니다.

1 일용직근로자 법정수당, 퇴직금 등

Q 일용직근로자란?

일용근로자란 근로를 제공한 날 또는 시간에 따라 급여를 계산하거나 근로를 제공한 날 또는 시간의 근로성과에 따라 급여를 계산하여 지급받는 자로 다음에 해당되지 아니하는 자를 말합니다.

○ 건설공사 종사자, 하역(항만)작업 종사자가 아닌 자 : 근로자로서 근로계약에 따라 일정한 고용주에게 3월 이상 계속하여 고용되는 자
○ 하역(항만)작업 종사자 : 통상 근로를 제공한 날에 급여를 지급받지 아니하고 정기적으로 근로대가를 받는 자

○ 건설공사 종사자 : 동일한 고용주에게 계속하여 1년 이상 고용된 자

> **보 충** 건설공사에 종사하는 자의 일용근로자 해당 요건
>
> ◎ 건설공사에 종사하는 자로서 다음에 해당하지 아니하는 자
> ① 동일한 고용주에게 계속하여 1년 이상 고용된 자
> ② 다음의 업무에 종사하기 위하여 통상 동일한 고용주에게 계속 고용되는 자
> 1. 작업준비를 하고 노무에 종사하는 자를 직접 지휘·감독하는 업무
> 2. 작업현장에서 필요한 기술적인 업무, 사무, 취사, 경비 등의 업무
> 3. 건설기계의 운전 또는 정비업무

일용직근로자의 법정수당 및 퇴직금

▶ 일용직근로자의 주휴일 및 주휴수당

근로기준법상 1주간의 소정근로일수를 개근한 근로자에게는 1일의 유급휴가를 주어야 하는데 1일단위로 근로계약을 체결하는 일용근로자의 경우 1주간의 소정근로일수를 산정할 수 없으므로 유급 주휴일을 부여하지 않습니다.

다만, 일용근로자가 계속적으로 근로를 제공하는 경우에는 실제 근로일수를 기준으로 1주일에 소정근로일수를 개근한 경우 주휴일을 부여하여야 합니다.

이 경우 주휴수당을 포함하여 임금을 지급하기로 사전에 약정한 경우에는 무급으로 주휴일을 부여하는 것이나 약정이 없는 경우 유급으로 주휴일을 부여하여야 합니다.

▶ 일용직근로자의 연장·야간·휴일근로 가산수당

① 일용근로자의 경우도 연장근로 및 야간근로에 대하여 가산수당을 지급하여야 합니다.
② 휴일근로의 경우 주휴수당을 포함하여 임금을 지급하기로 사전에 약정하지 아니한 계속근로자는 휴일근로에 대하여 가산수당을 지급하여야 합니다.
③ 일용근로자를 포함하여 상시 근로자 수가 5인 미만인 경우에는 가산수당 지급의무가 없습니다.

보 충 일용근로자의 주휴수당 및 통상임금

일급계약인 경우, 주휴수당은 1주간의 소정근로에 대해 개근하는 경우 지급되는 조건부 임금으로 통상임금에 포함되지 않습니다만, 월급 계약인 경우에는 급여액에 주휴수당이 포함되어 있는데, 이러한 경우 주휴수당은 '소정근로시간외에 유급으로 처리되는 시간'을 말하므로 통상임금에 포함합니다.

▶ 일용직근로자 퇴직금

① 일용근로자의 경우에도 근로기간이 1년 이상인 경우 퇴직금을 지급하여야 합니다.
② 퇴직금 산정의 기준이 되는 일용직근로자의 평균임금은 통상근로자와 동일하게 퇴사일로부터 역산하여 3개월 동안의 임금을 기준으로 계산합니다. 다만, 근로일수가 통상의 근로와 달리 현저히 적을 때에는 통상근로계수(0.73)를 적용하여 평균임금을 산정할 수 있습니다. (1일 임금 × 통상근로계수)

② 일용직근로자 4대보험 가입 및 신고

일용직 근로자의 경우 다음의 가입제외자가 아닌 경우 4대보험에 가입을 하여야 합니다.

❑ 일용직근로자 4대보험 가입대상 및 제외자

[1] 국민연금 가입대상자 및 제외되는 자
(1) 가입대상자
사업장에서 종사하는 18세 이상 60세 미만의 근로자로서, 사업장에 고용된 날부터 1개월간 8일 이상이고, 근로시간이 월60시간 이상인 근로자는 사업장에 고용된 날부터 사업장가입자로 적용하여야 합니다. 한편, 일용직 근로자로서 채용 당시에는 가입 요건에 해당하지 아니하여 제외되었으나 그 후 요건에 해당되는 때에는 취득신고를 하여야 하며, 이 경우 자격취득일은 최초고용일로 합니다.
(2015.5.6. 국민연금 일용근로자 사업장 가입기준 지침 개정)
1. 명시적인 근로(고용)계약서가 있는 경우, 실제 근로를 제공한 기간·일수 불문하고 계약내용이 1개월 이상(기간의 정함이 없는 경우 포함)이고, 1개월 간 8일 이상인 경우 사업장가입자로 적용
2. 명시적인 근로(고용)계약서가 없는 경우(계약내용이 1개월 미만 포함), 사업장에 고용된 날 또는 기산일부터 1개월간 8일 이상 근로한 경우, 사업장에 고용된 날 또는 기산일부터 사업장가입자로 적용

(2) 가입제외자
1월 미만의 기한부로 사용되는 근로자로서 1개월의 근로시간이 월 60시간 미만이거나 근로일수가 8일 미만인 자

[2] 건강보험 가입대상자 및 제외되는 자

1월 미만의 기한부로 사용되는 근로자 및 1개월 동안의 소정(所定)근로시간이 60시간 미만인 단시간근로자는 건강보험가입대상에 해당하지 않습니다. 다만, 1월 이상 계속 사용되는 경우에는 자격 취득 신고 대상입니다.

[3] 고용보험 가입대상자 및 제외되는 자

1개월간 소정근로시간이 60시간 미만인 자(1주간의 소정근로시간이 15시간 미만인 자 포함)는 고용보험가입대상이 아닙니다. 다만, 생업을 목적으로 근로를 제공하는 자 중 3개월 이상 계속하여 근로를 제공하는 자와 일용근로자(1개월 미만 동안 고용되는 자)는 1개월간 소정근로시간이 60시간 미만이더라도 가입대상에 해당합니다.

[4] 산재보험 가입대상근로자에서 제외되는 자

근무일수와 시간에 관계없이 모든 근로자에 대하여 가입을 하여야 합니다.

▶ 일용직 근로자 고용보험 및 산재보험 가입 요약표

구 분	가입대상자
국민연금	18세 이상 60세 미만인 근로자로서 일반 근로자는 1개월간 근로시간이 60시간 이상인 단시간근로자 * 건설업의 경우 1개월간 20일 이상 근로자
건강보험	1개월 이상 근로하는 일용 근로자 * 건설업의 경우 1개월간 20일 이상 근로자
고용보험	1개월간 근로시간이 60시간 이상인 단시간근로자 단, 실업급여의 경우 65세 이상 신규 채용자는 제외
산재보험	모든 일용근로자

▣ 건설업 일용직 근로자 4대보험 가입

건설업체 건설일용직의 사회보험(연금/건강)은 [사후정산제도]를 적용하고 있으며, 4대사회보험 사업장 적용은 [건설현장별 사업장 적용]을 원칙으로 하며, 사업장 적용단위를 본사 및 일반근로자와 구분하여, 건설현장의 건설 일용직만을 대상으로 사업장 적용신고를 하여야 합니다.

사업장 최초 적용 신고는 각 기관(연금/건강) 지사로 서면(팩스전송) 등의 방법으로 공통신고하고, 가입자(일용직 근로자) 취득신고는 반드시 EDI로 신고하여야 합니다. 또한, 가입자 취득신고는 건설일용 근로자가 1월간 8일 이상 근무하게 된 때 다음달 5일까지 사업주가 신고하여야 합니다.

[1] 국민연금 및 건강보험 가입
1) 국민연금 : 2018. 8. 1. 이후 건설업종 일용근로자 국민연금 가입대상 기준일수 (종전) 20일 → (개정) 8일
2018. 8. 1일 이후 최초 입찰공고 되는 건설공사부터 적용
2018. 7. 31일 이전 입찰공고 되어, 기 진행중인 건설공사는 2년간 유예 후 2020. 8. 1일 부터 시행
2) 건강보험료 가입 기준일수 8일

[상세 내용] (검색어) 건강보험 건설일용 근로자 업무처리 메뉴얼

[2] 고용/산재보험 공사현장 고용보험 및 산재보험 가입
① 일괄유기사업장 : '일괄적용 사업개시신고서'를 근로복지공단에 제출, 일용근로자 신고는 '근로내용확인신고서'로 **고용센터**에 신고를 하시면 됩니다.

② 일괄유기사업장 외 사업장 : '건설공사 및 벌목업 성립신고서'와 '보험료신고서'를 작성하여 공사도급계약서, 공사비내역서 등을 첨부하여 근로복지공단에 제출, 일용근로자는 '근로내용확인신고서'로 **고용센터**에 신고를 하시면 됩니다.

일용직 근로자의 '근로내용확인신고서' 제출

일용직근로자의 경우 고용보험 및 산재보험 신고시 근로내용확인서를 작성하여 채용일의 다음달 15일까지 고용노동부에 제출하여야 하며, 제출하지 않는 경우 고용노동부로부터 300만원 이하의 과태료가 부과될 수 있습니다.

▶ **근로내용확인신고서 제출시 일용근로자 지급명세서 제출 의무 면제**

일용근로자의 임금 지급내역에 대한 지급명세서를 지급일이 속하는 달의 다음달 말일까지 제출하여야 합니다. 미제출시 '지급명세서보고 불성실가산세'(지급금액의 0.25%)가 부과됩니다. (제출기한일로부터 1개월 이내 제출시 가산세 0.125%)

단, '근로내용확인신고서'에 국세청 신고항목 일용근로 소득신고가 추가되어 고용노동부에 신고한 내용은 국세청에 일용근로소득 지급명세서를 별도 제출하지 않아도 되나 지급명세서를 제출하여도 무방합니다.

③ 일용직근로자 세무실무

◨ 일용직근로자 근로소득세 원천징수

다음의 산식에 의하여 계상한 근로소득세를 원천징수하여 지급일의 다음달 10일까지 관할 세무서에 신고 및 납부하여야 합니다.

① 과세대상급여 = 일급여액 - 비과세급여
② 근로소득과세표준 = 과세대상급여 - 근로소득공제(150,000원)
③ 근로소득산출세액 = 근로소득과세표준 × 원천징수세율(6%)
④ 원천징수세액 = 산출세액 - 근로소득세액공제(산출세액의 55%)

■ 일용근로자와 일반근로자의 세무신고

구 분	일용근로자	일반근로자
대 상 자	근로일수나 시간에 따라 일당 계산	월급으로 지급
원천징수	일당에서 근로소득공제 후 세율적용	간이세액표 적용
연말정산	하지 않음	연말정산(종합과세)
지급명세서	매월 지급일의 다음달 말일	다음해 3월 10일

사 례 일용직근로자 근로소득세 계산

[예제] 일당 200,000원인 일용근로자가 10일을 근로한 경우 원천징수할 금액
① 과세표준(500,000원) = [일당 (200,000원) - 근로소득공제(15만원)]× 10일
② 산출세액(30,000원) = 과세대상급여 (500,000원) × 세율(0.06)
③ 납부할 세액(13,500) = 산출세액(30,000) - 세액공제 (16,500)

[개정 세법] 2019년 이후 일용근로소득 원천징수세액 [소득세법 제47조 ②]
(일용근로소득 - 150,000원) × 2.7%

보 충 일용직근로자 근로소득세 소액부징수

① 지급시점에서 소득자별로 원천징수할 세액의 합계액을 기준으로 근로소득세가 1,000원 미만인 경우 근로소득세를 징수하지 아니합니다.
② 지방세는 소득분(원천납부하는 세액 제외)의 세액이 2,000원미만인 때에는 소득분을 징수하지 아니합니다.

보 충 일용직근로자의 연장, 야간근로수당 과세 여부

생산직 일용근로자의 경우 월정액급여에 관계없이 연장근로, 야간근로로 인하여 통상임금에 가산하여 받는 급여(한도 없음)는 비과세됩니다.
단, 건설업을 영위하는 업체의 건설현장에서 근로를 제공하는 일용근로자는 "공장 또는 광산에서 근로를 제공하는 자"에 해당하지 아니하므로 연장, 야간 또는 휴일 근로로 인하여 받는 급여는 과세대상 근로소득에 해당합니다.

보 충 일용근로자로서 3개월 이상 근무시 원천징수방법 예시

1. 20×7년 1월 일용근로자로 고용 : 1월 ~ 3월 일용근로자로 원천징수
2. 20×7년 4월부터 : 상용근로자로 간이세액표에 의거 원천징수
3. 20×8년 2월 연말정산 : 20×7년 1월 ~ 12월 급여 합산하여 연말정산
   * 일용근로기간 동안의 원천징수세액은 기납부액에 포함하여 차감함

보 충 일용근로자의 연말정산 및 종합소득세 신고

일용직근로자는 임금 지급시 임금을 지급하는 자가 근로소득세를 징수하여 납부함으로서 납세의무가 종결되므로 별도의 연말정산을 하지 아니하며, 다른 소득이 있어 종합소득세 신고를 하는 경우에도 종합소득에 합산하지 아니합니다.

보 충 연말정산시 일용근로자에 대한 배우자공제

근로자의 배우자가 일용직근로자로서 다른 소득이 없는 경우 배우자공제를 받을 수 있습니다.

🅠 일용직근로자 세무신고 및 증빙

▶ 원천징수이행상황신고서 기재방법

근로소득 일용근로자란(A03)에 인원수, 총지급액 등 해당 내역을 기재한 후 원천세 신고를 합니다. 단, 일용근로자를 3개월 이상(건설업은 1년 이상) 계속하여 고용시는 일반급여소득자와 마찬가지로 매월 급여를 지급하는 때에 근로소득간이세액표에 의하여 계산한 세액을 근로소득세로 원천징수하여야 합니다.

▶ 일용직근로자에 대한 임금 지급과 증빙서류

일용근로자 임금지급대장에 급여를 지급받는 자의 서명 및 날인은 받아두고 일용근로자의 신원을 확인할 수 있는 주민등록등본이나 주민등록증 앞·뒤 사본을 첨부하여 두어야 하며, 지급사실을 확인할 수 있는 서류 (무통장입금표 등 금융기관을 통한 지급증빙서류)를 보관하여야 합니다.

서 식 경영정보사 홈페이지(www.ruddud.co.kr)

상호	일용노무비 지급명세서			기간	년 월 일부터 년 월 일까지		일간	공사장명 공정명				
직종 직책	성명	주민 등록 번호	주소지 거소지	출 역 상 황 1 2 3 4 5 6 7 8 9 10 11 12 13 14 15 16 17 18 19 20 21 22 23 24 25 26 27 28 29 30 31		출역 일수	단가	총액	세액합계 근로 소득세	지방 소득세	차감 지급액	영 수 인

▶ 일용근로자 지급명세서 제출

일용근로자의 임금 지급내역에 대한 지급명세서를 지급일이 속하는 달의 다음달 말일까지 제출하여야 합니다.

지급명세서를 제출하지 않은 경우 '지급명세서보고불성실가산세'(지급금액의 0.25%)가 부과됩니다. (단, 제출기한일로부터 1개월 이내 제출시 가산세 0.125%)

◆ 일용근로자 지급명세서 발급기한 및 제출기한단축
[발급기한] 분기 다음달 말일 → 2023.1.1. 이후 지급일의 다음달 말일
[제출기한] 분기 다음달 말일 → 2021.7.1. 이후 지급일의 다음달 말일

◆ 일용근로자가 유급휴일에 대하여 지급받는 유급휴일수당
일용근로자가 유급휴일에 대하여 지급받는 유급휴일수당은 당해 법령에서 정한 기간의 근로일수에 배분하여 원천징수하여야 한다.

[개정 세법] 2021년 7.1. 이후 일용근로소득 지급명세서 가산세 인하
해당 지급명세서를 그 기한까지 제출하지 아니한 경우 : 제출하지 아니한 분의 지급금액의 1% → 0.25%(제출기한이 지난 후 1개월 이내에 제출하는 경우 → 지급금액의 0.125%)

▶ 근로내용확인신고서 제출시 일용근로자 지급명세서 제출의무 면제

고용노동부의 '근로내용확인신고서'에 국세청 신고항목 일용근로소득 신고가 추가됨에 따라 고용노동부에 이미 신고한 내용은 국세청에 일용근로소득지급명세서를 별도 제출하지 않아도 됩니다.

CHAPTER 3

고용창출 지원제도
두루누리 일자리안정자금
근로장려금 지원제도

SECTION 01 고용창출 관련 정부지원 제도

고용노동부에서 지원하는 고용과 관련한 각종 정부지원제도에 대하여 고용노동부 홈페이지에서 특정 메뉴에서 통일하여 제공하지 아니하고 부서별로 여기 저기 올려 놓다보니 자료를 찾기가 쉽지 않습니다. 따라서 본서에서는 해당 자료를 쉽게 찾을 수 있도록 제시하고 있으므로 참고하시기 바랍니다.

1 청년일자리 도약 장려금 사업

개요

사업주 및 근로자를 지원하여 청년 신규 일자리 창출을 통한 청년고용 활성화를 목적으로 지원합니다.

2025.1 1.~2025.12.31. 청년을 채용한 기업은 "고용24"사이트에서 2025.1.23.부터 참여신청이 가능합니다.

지원내용

- **(유형Ⅰ)**

5인 이상 우선지원대상기업에서 취업애로청년을 정규직으로 채용하고 6개월 이상 고용유지시 최장 1년간 최대 720만원 지원합니다.

- **(유형Ⅱ)**

빈일자리 업종의 우선지원대상기업에서 청년을 정규직으로 채용 후 6개월 이상 고용유지시 최장 1년간 최대 720만원 지원하고, 해당 빈일자리 기업에서 18개월 이상 재직한 청년에게 480만원을 지원합니다.

지원자격

❶ **(유형Ⅰ)**

"5인 이상 우선지원대상기업"이 "만 15세~34세"의 "취업애로청년"을 정규직으로 채용하여 6개월 이상 고용을 유지하는 경우 기업지원을 받을 수 있습니다.

- **5인이상 우선지원대상기업**

도약장려금 사업 참여 신청 직전 월부터 이전 1년간 평균 고용보험 피보험자 수("기준피보험자수" 라 함)가 5인 이상을 고용하고 있는 우선지원대상기업 사업주에게 지원합니다.

- **5인 미만 기업**

지식서비스산업·문화콘텐츠산업·신재생에너지산업 관련 업종, 청년 창업기업, 미래유망기업, 지역주력산업 등에 해당하는 기업

- **지원대상에서 제외되는 기업**
- 소비·향락업 등 업종
- 임금 등을 체불하여 명단이 공개중인 사업주
- 중대 산업재해 발생 등으로 명단이 공표중인 기업 등

■ 고용보험법 시행령 [별표 1] <개정 2017. 12. 26.>

우선지원 대상기업의 상시 사용하는 근로자 기준(제12조제1항 관련)

산업분류	분류기호	상시 사용하는 근로자 수
1. 제조업[다만, 산업용 기계 및 장비 수리업(34)은 그 밖의 업종으로 본다]	C	500명 이하
2. 광업 3. 건설업 4. 운수 및 창고업 5. 정보통신업 6. 사업시설 관리, 사업 지원 및 임대 서비스업[다만, 부동산 이외 임대업(76)은 그 밖의 업종으로 본다] 7. 전문, 과학 및 기술 서비스업 8. 보건업 및 사회복지 서비스업	B F H J N M Q	300명 이하
9. 도매 및 소매업 10. 숙박 및 음식점업 11. 금융 및 보험업 12. 예술, 스포츠 및 여가관련 서비스업	G I K R	200명 이하
13. 그 밖의 업종		100명 이하

비고: 업종의 구분 및 분류기호는 「통계법」 제22조에 따라 통계청장이 고시한 한국표준산업분류에 따른다.

■ **만 15세 이상, 34세 이하인 자**
채용일 현재 만 15세 이상, 34세 이하인 '청년'을 대상으로 하며, 군필자의 경우 '의무복무기간'에 비례하여 연령을 연동하여 적용합니다.(최고 만 39세로 한정)

- **취업애로청년**

다음의 취업애로유형 중 어느 하나에 해당되어야 취업애로청년으로 인정됩니다.

○ "연속하여 4개월" 이상 실업상태에 있는 청년
- 채용일 기준 가장 최근 고용보험 피보험자격 상실일로부터 연속하여 6개월이 경과한 청년
○ 고졸 이하 학력인 청년
- 채용일 기준 고졸 이하 학력 또는 고등학교 졸업예정자*인 청년
○ 고용촉진장려금 지급대상이 되는 청년
○ 국민취업지원제도에 참여하거나, 미래내일일경험지원·일학습병행 사업을 수료한 후 최초로 취업한 청년
○ 청년도전지원사업 수료 청년
○ 자립준비청년, 보호연장청년, 청소년복지시설 입퇴소 청년 등 안정적인 자립을 위한 정부 지원의 필요성이 인정되는 청년
○ 자영업 폐업 이후, 최초로 취업한 청년
○ 최종학교 졸업일 이후 채용일까지 고용보험 총 가입기간이 12개월 미만인 청년

❷ (유형Ⅱ_기업지원금)

"빈일자리 업종"의 "5인 이상 우선지원대상기업"이 만 15세~34세의 청년을 정규직으로 채용하여 6개월 이상 고용을 유지하는 경우 기업지원을 받을 수 있습니다.

- **빈일자리 업종**

○ 고용보험 상 사업장의 한국표준산업분류(제11차) 대분류가 'C.제조업' 기업
○ 빈일자리 업종 관계부처가 사전 수요를 제출한 기업 중 기업요건을 충족한 기업

- 5인이상 우선지원대상기업

도약장려금 사업 참여 신청 직전 월부터 이전 1년간 평균 고용보험 피보험자 수("기준피보험자수" 라 함)가 5인 이상을 고용하고 있는 우선지원대상기업 사업주에게 지원합니다.

○ 유형Ⅱ는 5인 미만 기업의 특례조항 없어 5인 이상의 우선지원대상기업만 지원합니다.

❸ (유형Ⅱ_청년장기근속인센티브)

유형Ⅱ의 기업지원금을 1회차 이상 지원받은 기업에서 18개월 이상 근속한 청년을 지원합니다.

참여방법 및 문의처

- 참여방법

청년일자리도약장려금 사업은 누리집(www.work24.go.kr)을 통해 온라인으로만 신청이 가능합니다.

- 지원절차

사전 참여신청(운영기관) 후 청년 채용, 6개월 후 지원금 지급

2025년 청년 일자리 도약 장려금 상세내용

[구글, 네이버] (검색어) 2025 청년 일자리 창출 지원 사업

[고용노동부 홈페이지] → 뉴스·소식 → 공지사항
(검색) '청년'

[기타] 2025년 청년일자리도약장려금 사업운영 지침

② 고용촉진과 관련한 지원금 등

◎ 고용촉진장려금

[1] 개요
취업이 어려운 취약계층 구직자의 고용이 촉진될 수 있도록 해당 구직자를 기간의 정함이 없는 근로자로 신규 고용하는 사업주에게 인건비 일부를 지원하는 제도로서 아래 1)과 2)요건을 충족하여야 합니다.

1) 지원대상 구직자
취업이 어려운 취약계층 구직자를 고용한 경우 지원이 가능합니다. 이에 따라, 지원 대상 구직자는 아래의 요건을 갖추어야 합니다.

■ 구직등록
요건에 부합하는 구직등록 기관은 아래와 같습니다.
① 지방고용노동행정기관(고용노동부 고용센터)
② 국가, 지방자체단체
③ 한국산업인력공단
④ 「장애인고용촉진 및 직업재활법」에 따른 한국장애인고용공단 등
⑤ 고령자 인재은행, 중견전문 인력고용지원센터 등

■ 인정되는 구직등록
고용노동부에서 운영하는 워크넷(work-net)에 구직등록이 된 경우에는 직업안정기관에 구직등록이 된 것으로 인정합니다.

국가, 지방자치단체에서 워크넷을 통해 구직신청을 하거나 또는 상기 기관 등에서 워크넷을 이용하지 않고 자체 구직신청을 받은 뒤 직업소

개업무를 수행하여 구직신청 이력 등이 확인 가능한 경우 적합한 것으로 인정됩니다.

또한, 고용일 이전 구직등록 이력*이 존재하여야 합니다.
* (취업지원 프로그램 이수자) 고용일 이전 2년이내 구직등록 이력이 있는 경우 지원
** (취업지원 프로그램 이수면제자) 고용일 이전 1년 이내에 구직등록 이력이 있는 경우 지원

2) 취업지원프로그램 이수자
고용노동부 장관이 고시한 아래의 취업지원프로그램을 이수하고, 이수한 날부터 12개월 이내인 실업자를 의미합니다.

취업지원 프로그램을 일정 단계 이상 이수하거나 일정 기간동안 참여하면 그날부터 취업지원프로그램 이수자격이 인정됩니다.

- 인증되는 취업지원 프로그램
① 고용노동부가 운영하는 '국민취업지원제도'
② 고용노동부 및 여성가족부가 지정한 여성새로일하기센터가 운영하는 '직업교육훈련 프로그램'
③ 여성가족부장관이 운영하는 '학교 밖 청소년 직업역량 강화 프로그램' 및 '내일이룸학교'
④ 한국법무보호복지공단이 운영하는 과정 중 '허그일자리 지원 프로그램' 및 '직업교육원 직업훈련프로그램'
⑤ 한국장애인고용공단이 운영하는 '직업능력개발훈련(정규훈련, 맞춤훈련)'
⑥ 한국장애인고용공단이 훈련비용 등을 지원하거나 위탁계약을 체결한 공공훈련기관 또는 민간훈련기관이 운영하는 '직업능력개발훈련 프로그램'
⑦ 한국장애인고용공단이 운영하는 '장애인 취업성공패키지'

⑧ 국방전직교육원이 운영하는 '기본교육'과 제대군인 지원센터가 운영하는 '취업워크숍' 및 '직업교육훈련'
⑨ 중장년내일센터가 운영하는 '취업지원프로그램(재도약프로그램)'
⑩ 「근로자직업능력개발법 시행령」 제6조제1항에 따른 '일반고 특화훈련 과정'
⑪ 지방관서별로 「고용장려금 지원 사업 선정 심사위원회」에서 선정한 고용위기기업 취업희망 구직자 또는 고용노동부에서 승인한 지방관서별 집중 취업지원서비스 필요 구직자로서 고용센터의 '지역맞춤형 프로그램'을 수료한 사람
⑫ 고용노동부 지정 청년센터에서 운영하는 '청년도전 지원사업'

[2] 지원조건

1) 근로자 채용
고용일 이전 구직등록 한 자 중 취업지원프로그램을 이수한 자 또는 취업지원프로그램 이수 면제자에 해당하는 구직자를 신규 고용하여야 하며, 이후 6개월 이상 고용을 유지하여야 합니다.

■ 지원이 안되는 근로자
① 근로복지공단에 신고된 월평균 보수가 일정액 미만인 근로자('25년의 경우 121만원)
② 사업주의 배우자 또는 직계존·비속인 경우,
③ 정년까지 기간이 2년 미만인 경우,
④ 대한민국 국적을 가지지 않은 외국인인 경우(F-2,F-5,F-6비자 제외)
⑤ 실업자가 아닌 상태에서 고용된 경우
⑥ 고용보험에 가입되지 아니한 경우 지원되지 않습니다.

■ 고용촉진장려금 지원을 받을 수 없는 경우
① 사업주가 고용촉진장려금 지원대상 근로자의 최종 이직 당시의 사업주와 동일하거나 관련된 경우
② 국가, 지방자치단체, 교육청, 국회 등 공공기관
③ 주점, 갬블링 및 베팅, 무도 운영 등 중소기업 인력지원 특별법 시행령 제2조[바로가기]에서 정한 유흥, 사행성 업종
④ 임금 등을 체불하거나 중대산업재해 발생 등으로 명단이 공개 중인 경우
⑤ 장애인 고용 의무를 이행하지 않은 사업주가 그 장애인 고용 의무가 이행되기 전까지 장애인(중증장애인 제외)을 고용한 경우
⑥ 지급 대상 근로자를 고용한 날부터 12개월이 지나 첫번째 주기의 고용촉진장려금을 신청한 경우 지원되지 않습니다.

[3] 지원내용

1) 지원금액
지원요건에 해당되는 구직자를 신규 고용하여 6개월 이상 고용을 유지한 사업주에 대해 근로자 1인당 연간 720만원(대규모 기업은 360만원)을 지원합니다.

2) 기업규모별 지원금액
㉠ 우선지원 대상기업·중견기업: 연간 최대 지원금액 720만원(6개월 지급액 360만원)
㉡ 대규모기업: 연간 최대 지원금액 360만원(6개월 지급액 180만원)

■ 우선지원대상기업
청년일자리 도약 장려금 사업의 우선지원대상기업 참조

■ 대규모기업
대규모 기업은 우선지원 대상기업이 아닌 모든 기업을 의미합니다.

■ 중견기업
'25. 1. 1. 이후 「중견기업 성장촉진 및 경쟁력 강화에 관한 특별법」제25조에 따른 확인서를 발급받은 기업을 말합니다.

3) 지급 주기 및 기간
지원요건에 해당되는 구직자를 새로이 고용한 날이 속하는 다음 달부터 1년간 6개월 마다 사업주가 지급 신청을 하는 경우 지급합니다.

4) 지원 인원 한도
기업별 지원가능한 인원은 신청 사업장의 직전 보험연도 말일 기준 피보험자 수를 기준으로 아래와 같이 산정합니다.

① 전체 피보험자 수가 10명 이상인 경우
전체 피보험자 수의 100분의 30(소수점 이하는 버림)에 해당하는 인원 다만, 100분의 30에 해당하는 인원이 30명 이상인 경우에는 30명

② 전체 피보험자 수가 10명 미만인 경우: 3명

[관련 법령] 고용보험법 시행령 제26조(고용촉진장려금)

2025년 고용촉진장려금 상세내용

기업마당 → 정책정보 → [지원사업 공고] (검색)고용촉진장려금
고용24 → 기업 → 고용촉진장려금

고령자 계속고용장려금

[1] 지원 요건
정년에 도달한 재직 노동자를 정년 이후에도 계속해서 고용하는 제도를 취업규칙, 단체협약 등에 명시적으로 도입하면 비용 지원

[2] 비용지원이 되는 계속고용제도(정년 운용기업)
- 정년 연장 : 현 정년보다 정년을 연장(1년 이상)하는 것
- 정년 폐지 : 정년을 폐지하는 것
- 계속 고용(재고용) : 현행 정년은 유지 하지만, 재고용 등을 통하여 1년 이상 계속해서 고용하는 것

[3] 지원 수준
정년 이후 계속고용 된 근로자 1인당 분기 90만원씩, 최대 3년간 지원(분기 매월 말 피보험자수 평균의 30% 및 최대 30명 한도)

[4] 대상 기업
우선지원대상기업 및 중견기업

[5] 신청
고용24 → 기업서비스 → 고용창출장려금 → 고령자 계속고용장려금

고령자 계속고용장려금 상세내용

[고용노동부] → 뉴스소식 → 공지사항 (검색)고령자
[고용노동부] → 정책소개 → 정책자료실 (검색)고령자
- 2025년 2월 중 등록 예정

고령자 고용안정지원금

고령자 고용안정지원금 자료

[고용노동부] → 뉴스소식 → 공지사항 (검색)고령자
- 고령자 고용안정지원금 지급 규정

[고용노동부] → 정책소개 → 정책자료실 (검색)고령자
- 2025년 2월 중 등록 예정

[1] 개요

근무기간 1년을 초과한 60세 이상 근로자의 고용이 증가한 경우 지원하는 지원금입니다.

[2] 지원내용

증가 근로자 1명당 분기 30만원을 최대 2년간 지급합니다.

- 지원한도

신청 분기 매월 말 피보험자수 평균의 30%와 30명 중 더 작은 수(피보험자수가 10명 이하인 사업장은 최대 3명까지 지원)입니다.

[3] 지원자격

1) 고용보험성립일로부터 1년 이상 사업을 운영한 우선지원대상기업 또는 중견기업

- 중견기업

사업주가 중견기업 확인서 제출(한국중견기업연합회 발급)

■ 고용보험법 시행령 [별표 1] <개정 2017. 12. 26.>
우선지원 대상기업의 상시 사용하는 근로자 기준(제12조제1항 관련)

산업분류	분류기호	상시 사용하는 근로자 수
1. 제조업[다만, 산업용 기계 및 장비 수리업(34)은 그 밖의 업종으로 본다]	C	500명 이하
2. 광업 3. 건설업 4. 운수 및 창고업 5. 정보통신업 6. 사업시설 관리, 사업 지원 및 임대 서비스업[다만, 부동산 이외 임대업(76)은 그 밖의 업종으로 본다] 7. 전문, 과학 및 기술 서비스업 8. 보건업 및 사회복지 서비스업	B F H J N M Q	300명 이하
9. 도매 및 소매업 10. 숙박 및 음식점업 11. 금융 및 보험업 12. 예술, 스포츠 및 여가관련 서비스업	G I K R	200명 이하
13. 그 밖의 업종		100명 이하

비고: 업종의 구분 및 분류기호는 「통계법」 제22조에 따라 통계청장이 고시한 한국표준산업분류에 따른다.

2) 신청 분기 고령자 수 월평균(3개월)이 과거 고령자 수 월평균보다 증가
ⅰ) (신청 분기 고령자 수 월평균)
신청 분기 고령자수 / 3개월
* 매월 말일 기준 만 60세 이상이면서 고용보험 피보험자격 취득기간 1년 초과한 근로자

○ 지원제외
사업주의 배우자, 직계 존·비속, 외국인(거주, 영주, 결혼이민자는 지원), 최저임금 미만자

ⅱ) (과거 고령자 수 월평균)
고령자 수 / 개월 수*(12개월~36개월, 매월 말 기준 고령자가 있는 개월 수만 산정)
- 고령자 고용안정지원금 지급규정 별표
* 사업기간 4년 이상: 신청 분기 직전 36개월
* 사업기간 2년~4년 미만: 사업 최초 시작일에서 1년을 제외한 나머지 개월 수
* 사업기간 1년~2년 미만: 신청 분기 직전 12개월

ⅲ) (증가 고령자수) ① 신청 분기 고령자수 - ② 과거 고령자수

[4] 지원절차
1) 신청서 작성·제출(사업주)
① 신청기간(분기 단위로 신청)
(1회차) 고용노동부(고용센터) 홈페이지 공고를 통해 신청 기간 명시(통상 분기 마지막 월 15일 전후 공고)
(2회차) 신청 분기 다음날부터 1년 이내
- '23.3분기 '23.10.1.~'24.9.30. 신청

② 신청방법
(인터넷) 고용24(work24.go.kr) → 기업 로그인 → 기업지원금 → 신규채용 → 고령자고용 지원금
(우편·방문) 관할 고용센터

③ 제출서류
- 고령자 고용지원금 신청서
- 신청 분기 근로자 명부(피보험기간 1년 초과한 60세 이상 근로자) 및 임금대장

현장실습 훈련(시니어인턴십) 지원사업

> **현장실습 훈련(시니어인턴십) 지원사업**
>
> - 주관부서 → 보건복지부
> - 한국노인인력개발원 → 노인일자리및사회활동지원사업
>   현장실습 훈련(시니어인턴십) 지원사업 ☎ 02-6941-1929
> - 2025년 현장실습 훈련(시니어인턴십) 지원사업 운영안내
>   한국노인인력개발원 → 자료
> - [문의처] 한국노인인력개발원 → 소개 → 조직 및 직원소개

[1] 개요

60세 이상자의 고용촉진을 위해 기업에 인건비를 지원하여 계속고용을 유도하는 사업입니다.

> **60세 이상자를 고용하기 전에 참여기업으로 신청하여야 함**
> 60세 이상자를 채용하기 전 채용하는 기업에서 참여 신청을 먼저 한 후 채용하여야 지원을 받을 수 있습니다.

[2] 참여기업 및 참여자 요건

1) 참여기업

60세 이상인 자를 고용할 의사가 있는 4대보험 가입사업장 중 근로자 보호 규정을 준수하는 기업

2) 참여자 요건

60세 이상으로 참여신청서를 제출하여야 합니다.

■ 사무원

회계사·세무사·감정전문사등 전문직 자격증을 소지하지 아니한 자가 세무회계사무소 등에 취업을 하는 경우에는 지원을 받을 수 있습니다.

단, 60세 이상자를 채용하기 전 채용하는 기업에서 참여 신청을 먼저 한 후 채용하여야 지원을 받을 수 있습니다.

■ 경비원, 청소원, 환경미화원
① 수행기관 위탁 없이 심의를 통해 개발원 직접 운영
② 외부 위탁업체를 통한 용역이나 파견이 아닌 직고용
③ 제한된 사업량('24년 3,000개) 이내 추진
④ 기업지원금 50% 감액 지원까지 4개 조건 모두 충족 시 참여 허용

■ 제외 직종 → (상세 내용) 시니어인턴십 사업 운영안내

회계사·세무사·감정전문가, 관세행정·교육전문가, 시민단체 활동가, 약사 및 한약사, 레크리에이션강사 및 기타 관련 전문가, 보안 종사자, 경비원, 요양보호사 및 간병인, 청소원, 환경미화원 및 재활용품 수거원, 가사도우미, 제품·광고 영업원, 기타 기술 영업·중개 종사원, 온라인 판매원, 노점 및 이동 판매원, 방문 판매원, 우편집배원, 조경원경비·청소 관리자

전문자격증 등을 보유한 자는 지원대상에 해당하지 아니하나 전문직 자격증을 소지하지 아니한 자가 해당 업종에 취업을 하는 경우 지원을 받을 수 있으나 정확한 내용은 한국노인인력개발원에 반드시 확인을 하여야 합니다.

[3] 지원금

구분	참여기업 지원금		
	총액	지원금 형태	지원내용
일반형	1인당 최대 270만원 지원	인턴 지원금	•입사일로부터 3개월간 1인당 월 급여의 50% 지원 * 월 최대 40만원 한도 내, 최대 3개월
		채용 지원금	•인턴종료 후 6개월 이상 계속고용계약 체결 시 •3개월간 1인당 월 급여의 50% 지원 * 월 최대 50만원 한도 내, 최대 3개월
세대 통합형	1인당 300만원 지원	채용 지원금	•숙련기술 보유 퇴직자를 청년 멘토로 최소 6개월 이상 고용한 기업에 1인당 300만원 지원(일시금) * 참여자의 누적 급여총액이 보조금 이상 지급된 시점 이후 지원
장기 취업 유지형	1인당 최대 280만원 지원	장기 취업 유지 지원금	•인턴십 사업으로 일정기간 이상 고용한 경우, 18개월 80만원, 24개월 80만원, 30개월 60만원, 36개월 60만원 지원(4회) *지원기준일(18·24·30·36개월 경과 시점) 이후 3개월 이내 신청기업에 한해 지원

[4] 예산 규모
○ (사업인원) 2025년 70,000명
○ (사업예산) 2025년 155,400백만원

[5] 참여기업 신청
참여신청서, 사업자등록증사본, 4대보험사업장 가입내역확인서를 구비하여 수행기관에 신청

- 문의처

서울지역본부(02-6925-2197~8)
시니어인턴십 대표전화(1577-1923)

사업 참여 신청, 협약 체결, 실행계획 등록 등 온라인을 통한 참여기업 접수·모집 가능

[6] 지원금 신청
참여기업은 참여자의 근무 기간이 3개월 경과한 날 이후 3개월 단위로 임금명세서 등 증빙서류를 첨부하여 지원금을 수행기관에 신청함

③ 두루누리 사회보험

지원내용 및 지원대상

[1] 지원대상
근로자 수가 10명 미만인 사업에 고용된 근로자 중 월평균보수가 270만원 미만인 신규가입 근로자와 그 사업주

◆ 근로자 수가 '10명 미만인 사업'이란?
지원신청일이 속한 보험연도의 전년도에 근로자인 피보험자 수가 월평균 10명 미만이고, 지원신청일이 속한 달의 말일 기준으로 10명 미만인 사업

[2] 지원수준 및 지원기간
신규가입 근로자 및 사업주가 부담하는 고용보험과 국민연금 보험료의 80%를 36개월까지 지원
- 고용브험 : 근로자 월 최대 16,560원, 사업주 월 최대 21,160원 지원
- 국민연금 : 근로자와 그 사업주는 각각 월 최대 82,800원까지 지원

[3] 지원제외자 (하나 이상에 해당하는 자)
1. 지원신청일이 속한 보험연도의 전년도 재산의 과세표준액 합계가 6억원 이상인 자
2. 지원신청일이 속한 보험연도의 전년도(소득자료 입수 시기에 따라 보험연도 전전년도) 종합소득이 4,300만원 이상인 자

◼ 상세내용 → 두루누리 사회보험 홈페이지

지원절차

지원신청일이 속한 달의 고용보험료부터 해당 보험연도 말까지 지원하되, 보험연도 말 현재 고용보험료 지원을 받고 있고 그 보험연도 중 보험료 지원기간의 월평균 근로자인 피보험자 수가 **10명 미만인 경우**에는 다음 보험연도에 별도로 신청하지 않더라도 계속 지원을 받으실 수 있습니다.

◆ 신규가입자의 사업주 지원액 예시
<월평균보수 230만원 기준> 근로자 수 10명 미만인 사업
(고용보험) 230만원 × 1.15%(고용보험료 사업주부담금 요율) × 80%
= 21,160원
(국민연금) 230만원 × 4.5%(국민연금 사업주 부담금 요율) × 80%
= 82,800원

◆ 신규가입자의 근로자 지원액 예시
<월평균보수 230만원 기준> 근로자 수 10명 미만인 사업
(고용보험) 230만원 × 0.9%(고용보험 근로자 부담금 요율) × 80%
= 16,560원
(국민연금) 230만원 × 4.5%(국민연금 근로자부담금 요율) × 80%
= 82,800원

▶ 국민연금, 고용보험료율 [2025년 기준]

구 분		회사분	종업원분	합계
국민연금		4.50%	4.50%	9.00%
고용보험료	실업급여	0.90%	0.90%	1.8%
	고용안정, 직업능력	0.25%	-	0.25%

- 2025년 국민연금보험료율(회사분 + 종업원분)

연령	20대	30대	40대	50대
보험료율	9.25%	9.33%	9.50%	10.0%

SECTION 02

고용 창출 세금 감면

1 고용증대 세액공제

고용증대세제 신설

2018년 1월 1일 이후 개시하는 과세연도분부터 종전 고용창출투자세액공제 및 청년고용증대세제를 통합하여 조세특례제한법 제29조의7에 고용을 증대시킨 기업에 대한 세액공제를 신설하였습니다.

고용증대세액공제

내국인(소비성서비스업 등 일부 업종 제외)이 2024년 12월 31일이 속하는 과세연도까지의 기간 중 해당 과세연도의 상시근로자(내국인) 수가 직전 과세연도의 상시근로자의 수보다 증가한 경우에는 다음에 따른 금액을 더한 금액을 해당 과세연도의 법인세 또는 소득세에서 공제를 받을 수 있습니다. [조세특례제한법 제29조의7]

■ 세액공제액 [2024년 귀속분]

구 분	중소기업		중견기업	대기업
	수도권 내	수도권 밖		
상시근로자	770만원	700만원	450만원	-
청년, 장애인등	1100만원	1200만원	800만원	400만원

• 2021~2024년 고용증가분에 한시 적용

[개정 세법] 고령자에 대한 고용증대세제 세액공제액 인상
(종전) 청년 정규직 근로자, 장애인 근로자
(개정) 청년 정규직 근로자, 장애인 근로자, 60세 이상인 근로자
<적용시기> '21.1.1. 이후 개시하는 과세연도부터 적용

▶ **청년 정규직 근로자와 장애인 근로자 등**

1. 15세 이상 29세 이하인 사람 다만, 해당 근로자가 병역을 이행한 경우에는 그 기간(6년 한도)을 현재 연령에서 **빼고** 계산한 연령이 29세 이하인 사람을 포함합니다.
2. 「장애인복지법」의 적용을 받는 장애인과 「국가유공자 등 예우 및 지원에 관한 법률」에 따른 상이자

◆ 청년 정규직에서 제외하는 자
기간제근로자 및 단시간근로자, 파견근로자, 청소년

▶ **소비성서비스업 (공제대상에서 제외되는 업종)**

1. 호텔업 및 여관업(「관광진흥법」에 따른 관광숙박업은 제외)
2. 주점업(일반유흥주점업, 무도유흥주점업 및 단란주점 단, 외국인전용유흥음식점업 및 관광유흥음식점업은 제외)

▶ **상시근로자에서 제외하는 근로자**

1. 근로계약기간이 1년 미만인 근로자

2. 단시간근로자. 다만, 1개월간의 소정근로시간이 60시간 이상인 근로자는 상시근로자로 봅니다.
3. 임원, 해당 기업의 최대주주 또는 최대출자자(개인사업자의 경우 대표자)와 그 배우자
4. 제3호에 해당하는 자의 직계존비속(그 배우자 포함) 및 「국세기본법 시행령」제1조의2제1항에 따른 친족관계인 사람

▶ **상시근로자 수, 청년등 상시근로자 수의 계산(100분의 1 미만 절사)**

1. 상시근로자 수

$$\frac{해당\ 과세연도의\ 매월\ 말\ 현재\ 상시근로자\ 수의\ 합}{해당\ 과세연도의\ 개월\ 수}$$

2. 청년등 상시근로자 수

$$\frac{해당\ 과세연도의\ 매월\ 말\ 현재\ 청년등\ 상시근로자\ 수의\ 합}{해당\ 과세연도의\ 개월\ 수}$$

▶ **단시간근로자의 근로자수 계산**

단시간근로자로서 1개월간의 소정근로시간이 60시간 이상인 근로자는 0.5명으로 하여 계산하되, 다음의 요건을 모두 충족하는 경우에는 0.75명으로 하여 계산합니다.

1. 해당 과세연도의 상시근로자 수가 직전 과세연도의 상시근로자 수보다 감소하지 아니하였을 것
2. 기간의 정함이 없는 근로계약을 체결하였을 것
3. 상시근로자와 시간당 임금, 그 밖에 근로조건과 복리후생 등에 관한 사항에서 차별적 처우가 없을 것
4. 시간당 임금이 「최저임금법」 제5조에 따른 최저임금액의 100분의 130(중소기업의 경우에는 100분의 120) 이상일 것

▶ **해당 과세연도에 창업을 한 내국인의 상시근로자수 계산**

해당 과세연도에 창업을 한 내국인의 경우 직전 과세연도의 상시근로자 수는 없는 것으로 합니다.

◆ 창업으로 보지 아니하는 경우
1. 현물출자 또는 사업의 양수를 통하여 종전의 사업을 승계하거나 종전의 사업에 사용되던 자산을 인수 또는 매입하여 같은 종류의 사업을 하는 경우
2. 거주자가 하던 사업을 법인으로 전환한 경우
3. 폐업 후 사업을 다시 개시하여 폐업 전의 사업과 같은 종류의 사업을 하는 경우

상시근로자가 감소하지 않은 경우 추가 공제

해당 과세연도의 상시근로자의 수가 최초로 공제받은 과세연도의 상시근로자의 수보다 증가한 경우에는 해당 과세연도와 해당 과세연도의 종료일부터 **2년[중소기업 및 중견기업의 경우에는 3년]**이 되는 날이 속하는 과세연도까지의 소득세(사업소득에 대한 소득세만 해당) 또는 법인세에서 공제를 받을 수 있습니다.

2년내 근로자수가 감소한 경우 추가 납부

고용증대세액공제를 받은 내국인이 공제를 받은 과세연도의 종료일부터 2년이 되는 날이 속하는 과세연도의 종료일까지의 기간 중 각 과세연도의 청년 등 상시근로자 수 또는 전체 상시근로자 수가 공제를 받은 과세연도보다 감소한 경우에는 공제받은 세액에 상당하는 금액을 소득세 또는 법인세로 납부하여야 합니다.

단, 공제받은 과세연도의 종료일 현재 29세 이하인 사람은 이후 과세연도에도 29세 이하인 것으로 봅니다.

1. 공제받은 과세연도(2개 과세연도 이상 연속으로 공제받은 경우에는 공제받은 마지막 과세연도로 함) 대비 해당 과세연도의 상시근로자 및 청년등 상시근로자 감소 인원에 공제받은 금액을 곱한 금액
2. 공제받은 과세연도 대비 직전 과세연도의 상시근로자 및 청년등 상시근로자 감소 인원에 공제받은 금액을 곱한 금액

[개정 세법] 상시근로자 수 감소 기준연도 변경
공제받은 직전 과세연도 → 공제받은 과세연도
<적용시기> 2020년 이후 신고하는 분부터

▶ 고용증대세액 공제 추가 납부 계산 사례
국세상담센터 → 법인세 → 조세특례제한법(고용증대세액공제 등)

농어촌특별세, 최저한세 적용 및 중복공제

▶ **최저한세 적용**

'청년고용 증대기업에 대한 세액공제'는 조세특례제한법 제132조의 규정에 의한 최저한세 적용대상이 되며, 최저한세로 인하여 공제를 받지 못한 금액은 이월하여 공제를 받을 수 있습니다.

■ 최저한세율
<법인기업> [중소기업] 과세표준의 7%
　　　　　　[일반기업] 과세표준 100억원 이하 10%
<개인기업> 산출세액의 35%(산출세액 3천만원 초과분은 45%)

▶ **농어촌특별세 적용**

'청년고용 증대기업에 대한 세액공제'는 농어촌특별세 적용대상이므로 감면받은 세액의 20%를 농어촌특별세로 납부하여야 합니다.

▶ **중복공제**

창업중소기업 등에 대한 세액감면 또는 중소기업에 대한 특별세액감면이 있는 경우에도 고용증대세액공제를 받을 수 있습니다.

[중복공제] 중소기업에 대한 특별세액감면이 있는 경우
중소기업에 대한 특별세액감면 + 청년고용 증대기업에 대한 세액

[개정 세법] 고용증대세제 공제액 명확화 및 사후관리 기준 보완
(조특법 §29의7①②)
ㅇ 각 공제금액(청년/청년 외)은 전체 상시근로자 수 증가분을 한도로 함을 명시
ㅇ 상시근로자 수 감소 기준연도 변경
공제받은 직전 과세연도 → 공제받은 과세연도
<적용시기> (사후관리) 2020.1.1. 이후 신고하는 분부터 적용

고용증대 세액공제 및 세액감면 등 상세 내용

경영정보사 홈페이지 (www.ruddud.co.kr)
[아이디] aa11
[비밀번호] aa1111

[개정 세법] 통합고용세액공제 신설(조특법 §29의8 신설)

현 행	개 정
□ 고용지원 관련 세액공제 제도 ❶ 고용증대 세액공제(§29의7) 고용증가인원 × 1인당 세액공제액	ㅇ (적용대상) 모든 기업* * (제외) 소비성 서비스업 ㅇ (기본공제) 고용증가인원 × 1인당 세액공제액

현행:

구 분	공제액 (단위:만원)			
	중소 (3년 지원)		중견 (3년 지원)	대기업 (2년 지원)
	수도권	지방		
상시근로자	700	770	450	-
청년 정규직, 장애인, 60세 이상	1,100	1,200	800	400

* 청년 연령범위(시행령): 15~29세

❷ 사회보험료 세액공제(§30의4)
: 고용증가인원 × 사용자분 사회보험료 × 공제율

구 분	중소 (공제율)
상시근로자 (2년 지원)	50%**
청년*, 경력단절여성 (2년 지원)	100%

* 청년 연령범위(시행령): 15~29세
** 전기통신업, 인쇄물 출판업 등의 서비스업종 영위기업은 75%

개정:

구 분	공제액 (단위:만원)			
	중소 (3년 지원)		중견 (3년 지원)	대기업 (2년 지원)
	수도권	지방		
상시근로자	850	950	450	-
청년 정규직, 장애인, 60세 이상, 경력단절여성	1,450	1,550	800	400

- 우대공제 대상인 청년 연령범위* 확대 경력단절여성을 우대공제 대상에 추가
  * 청년 연령범위(시행령): 15~34세
  ** 일부 서비스업종 우대는 폐지

- 공제 후 2년 이내 상시근로자 수가 감소하는 경우 공제금액 상당액을 추징

<적용시기> '23.1.1. 이후 개시하는 과세연도 분부터 적용
* '23년 및 '24년 과세연도 분에 대해서는 기업이 '통합고용세액공제'와 기존 '고용증대 및 사회보험료 세액공제' 중 선택하여 적용 가능(중복 적용 불가)

현 행	개 정
❸ 경력단절여성 세액공제(§29의3①) : 경력단절여성 채용자 인건비 × 공제율 | 구 분 | 공제율 || |---|---|---| | | 중소 | 중견 | | 경력단절여성 (2년 지원) | 30% | 15% | ❹ 정규직 전환 세액공제(§30의2) : 정규직 전환 인원 × 공제액 * 전체 상시근로자 수 미감소 시 | 구 분 | 공제액 (단위:만원) || |---|---|---| | | 중소 | 중견 | | 정규직 전환자 (1년 지원) | 1,000 | 700 | ❺ 육아휴직복귀자 세액공제(§29의3②) : 육아휴직 복귀자 인건비 × 공제율 * 전체 상시근로자 수 미감소 시 | 구 분 | 공제율 || |---|---|---| | | 중소 | 중견 | | 육아휴직 복귀자 (1년 지원) | 30% | 15% |	○ (추가공제) : 정규직 전환·육아휴직 복귀자 　인원 × 공제액 * 전체 상시근로자 수 미감소 시 | 구 분 | 공제액 (단위:만원) || |---|---|---| | | 중소 | 중견 | | 정규직 전환자 (1년 지원) | 1,300 | 900 | | 육아휴직 복귀자 (1년 지원) | | | - 전환일·복귀일로부터 2년 이내 해당 근로자와의 근로관계 종료 시 공제금액 상당액 추징

<적용시기> '23.1.1. 이후 개시하는 과세연도 분부터 적용
* '23년 및 '24년 과세연도 분에 대해서는 기업이 '통합고용세액공제'와 기존 '고용증대 및 사회보험료 세액공제' 중 선택하여 적용 가능(중복 적용 불가)

2 고용증가 인원에 대한 사회보험료 세액공제

개요

중소기업이 2024년 12월 31일이 속하는 과세연도까지의 기간 중 해당 과세연도의 상시근로자 수가 직전 과세연도의 상시근로자 수보다 증가한 경우 상시근로자 고용증가 인원 사회보험료 상당액에 공제율을 곱한 금액을 해당 과세연도의 소득세 또는 법인세에서 공제를 받을 수 있습니다. [조세특례제한법 제30조의4]

▶ **사회보험료 상당액**
사회보험료 상당액이란 해당 과세연도 종료일 현재 적용되는 다음 각 호의 수를 더한 수로 합니다.
1. 건강보험료 사업주부담금 비율
2. 장기요양보험료 사업주부담금 비율
3. 국민연금보험료 사업주부담금 비율
4. 고용보험료 사업주부담금 및 산재보험료 (업종별로 다름)

공제율

[1] 청년 상시근로자 고용증가 인원 사회보험료 상당액
청년 상시근로자 고용증가인원 × 청년 상시근로자 고용증가인원에 대한 **사용자**의 사회보험료 부담금액 × 100분의 100

$$\frac{\text{해당 과세연도에 청년 상시근로자에게 지급하는 과세대상 총급여액}}{\text{해당 과세연도의 청년 상시근로자 수}} \times \text{사회보험료 요율}$$

◘ **상시근로자**

상시근로자는「근로기준법」에 따라 근로계약을 체결한 내국인 근로자로 하며, 다음 각 호의 어느 하나에 해당하는 사람은 제외합니다.
1. 근로계약기간이 1년 미만인 근로자. 다만, 근로계약의 연속된 갱신으로 그 근로계약 총 기간이 1년 이상인 근로자는 상시근로자로 봄
2. 임원
3. 해당 기업의 최대주주와 그 배우자 및 직계존비속(배우자)과 친족
4. 단시간근로자. 다만, 1개월간의 소정근로시간이 60시간 이상인 근로자는 상시근로자로 보나 인원수는 0.5로 합니다.(<u>일정 요건</u>을 갖춘 상용형 시간제 근로자의 경우 **0.75명**)

◘ **일정 요건 [조특령 제23조]**
1. 해당 과세연도의 상시근로자 수가 직전 과세연도 보다 감소하지 아니하였을 것
2. 기간의 정함이 없는 근로계약을 체결하였을 것
3. 상시근로자와 시간당 임금, 복리후생 등에 관한 사항에서 차별적 처우가 없을 것
4. 시간당 임금이 최저임금액의 100분의 120 이상일 것

[2] 청년 외 상시근로자 고용증가 인원 사회보험료 상당액

청년 외 상시근로자 고용증가인원 × 청년 외 상시근로자 고용증가인원에 대한 사용자의 사회보험료 부담금액 × 100분의 50(신성장서비스업 75%, 경력단절여성 100%)

◘ 청년 외 상시근로자 고용증가 인원에 대한 세액공제액

$$\text{청년 외 상시 근로자 고용증가인원} \times \frac{\text{해당 과세연도에 청년 외 상시근로자에게 지급하는 과세대상 총급여액}}{\text{해당 과세연도의 청년 외 상시근로자 수}} \times \text{사회보험료율} \times \frac{50}{100}$$

[관련 법령] 조세특례제한법 제30조의4 및 동법 시행령 제27의4

농어촌특별세, 최저한세, 중복공제

▶ 중복공제

'중소기업 사회보험료 세액공제'는 '고용증대세액공제' '중소기업에 대한 특별세액감면'이 있는 경우에도 공제를 받을 수 있으며, 투자관련 세액공제와 중복공제가 가능합니다.

[중복공제] 중소기업에 대한 특별세액감면이 있는 경우
▶ 중소기업에 대한 특별세액감면(○) + 사회보험료 세액공제(○)
▶ 창업중소기업에 대한 세액감면(○) + 사회보험료 세액공제(×)

▶ 최저한세 적용

'중소기업 사회보험료 세액공제'는 조세특례제한법 제132조의 규정에 의한 최저한세 적용대상이 되며, 최저한세로 인하여 공제를 받지 못한 금액은 이월하여 공제를 받을 수 있습니다.

▶ 농어촌특별세 적용

세액을 공제감면받은 경우 공제감면세액의 20%를 농어촌특별세로 납부하여야 하나 '중소기업 사회보험료 세액공제'는 농어촌특별세가 비과세 됩니다. [농어촌특별세법 제4조(비과세)]

[세법 개정] 중소기업 사회보험료 세액공제 실효성 제고 및 적용기한 연장(조특법 §30의4)
[현행] (사후관리) 공제기간 동안 상시근로자 감소 시 잔여기간 공제 배제
[개정] 상시근로자 수 감소 시 공제세액 납부* 추가
* 고용증대세액공제 등 여타 고용지원세제와 동일하게 규정
(적용기한) '21.12.31. → '24.12.31.
<적용시기> '22.1.1. 이후 개시하는 과세연도에 상시근로자 수가 증가하는 경우부터 적용

③ 근로소득을 증대시킨 기업의 세액공제 등

④ 근로소득을 증대시킨 기업에 대한 세액공제

내국인이 다음 각 호의 요건을 모두 충족하는 경우에는 **2025년 12월 31일**이 속하는 과세연도까지 직전 3년 평균 초과 임금증가분의 100분의 5(중소기업 100분의 20. 중견기업 100분의 10)에 상당하는 금액을 해당 과세연도의 소득세(사업소득에 대한 소득세만 해당함) 또는 법인세에서 공제합니다. [조세특례제한법 제29조의4]

1. 상시 근로자의 해당 과세연도의 평균임금 증가율이 직전 3개 과세연도의 평균임금 증가율의 평균(직전 3년 평균임금 증가율의 평균)보다 클 것
2. 해당 과세연도의 상시근로자 수가 직전 과세연도의 상시 근로자 수보다 크거나 같을 것

▶ **상시근로자 수**

다음 계산식에 따라 계산하며, 이 경우 100분의 1 미만의 부분은 없는 것으로 합니다.

$$\frac{\text{해당 과세연도의 매월 말 현재 상시근로자 수의 합}}{\text{해당 과세연도의 개월 수}}$$

◆ **상시 근로자에서 제외하는 자**
1. 임원
2. 근로소득의 금액이 7천만원 이상인 근로자
3. 해당 기업의 최대주주 또는 최대출자자(개인사업자의 경우 대표자) 및 그와 친족관계인 근로자

4. 근로소득세를 원천징수한 사실이 확인되지 아니하는 근로자
5. 근로계약기간이 1년 미만인 근로자
6. 단시간근로자

◆ 세액공제를 받으려는 연도의 5년 이내 기간 중에 퇴사한 직원이 있는 경우 [조세특례제한법 시행령 제26조의4 ⑩]

세액공제를 받으려는 과세연도의 종료일 전 5년 이내의 기간 중에 퇴사하거나 새로 상시근로자수에서 제외하게 된 근로자가 있는 경우에는 상시근로자 수 및 평균임금을 계산할 때 해당 근로자를 제외하고 계산한다.

◆ 세액공제를 받으려는 연도의 5년 이내 기간 중에 입사한 직원이 있는 경우

세액공제를 받으려는 과세연도의 종료일 전 5년 이내의 기간 중에 입사한 근로자가 있는 경우에는 해당 근로자가 입사한 과세연도의 평균임금 증가율을 계산할 때 해당 근로자를 제외하고 계산한다.

평균임금증가분 초과분 임금증가분 세액공제

근로소득증대 세액공제에도 불구하고 중소기업이 다음 각 호의 요건을 모두 충족하는 경우에는 2025년 12월 31일이 속하는 과세연도까지 전체 중소기업의 평균임금증가분을 초과하는 임금증가분의 100분의 20에 상당하는 금액을 제1항에 따른 금액 대신 해당 과세연도의 소득세(사업소득에 대한 소득세만 해당) 또는 법인세에서 공제할 수 있습니다. [조세특례제한법 제29조의4 ⑤]
1. 상시 근로자의 해당 과세연도의 평균임금 증가율이 전체 중소기업 임금증가율(3.0%, 2023년 이후 3.2%)보다 클 것

2. 해당 과세연도의 상시근로자 수가 직전 과세연도의 상시 근로자 수보다 크거나 같을 것
3. 직전 과세연도의 평균임금 증가율이 음수가 아닐 것

▶ **전체 중소기업의 평균임금증가분을 초과하는 임금증가분**

전체 중소기업의 평균임금증가분을 초과하는 임금증가분 = [해당 과세연도 상시근로자의 평균임금 − 직전 과세연도 상시근로자의 평균임금 × (1 + 0.033)] × 직전 과세연도 상시근로자 수

[개정 세법] 근로소득증대세제 재설계(조특법 §29의4)

종 전	개 정
□ 근로소득증대세제	□ 적용기한 연장 및 대기업 적용배제
○ (적용요건) 당해연도 임금 증가율 〉 직전 3년 평균임금 증가율* 　* 중소기업은 전체 중소기업 평균임금증가율 보다 높은 경우도 가능	○ (좌 동)
○ (세액공제) 3년 평균임금 증가율 초과 임금증가분 × 공제율* 　* 중소 20%, 중견 10% 　　대기업 5%	○ 대기업을 적용대상에서 제외
○ (적용기한) '22.12.31.	○ '25.12.31.

<적용시기> '23.1.1. 이후 개시하는 과세연도 분부터 적용

농어촌특별세, 최저한세, 중복공제

[1] 농어촌특별세 신고 및 납부
근로소득증대세액공제를 받은 경우 농어촌특별세법에 의하여 세액공제액의 20%를 신고 및 납부하여야 합니다.

[2] 중복지원 또는 중복지원 배제
아래의 세액공제는 각각의 사유별로 세액공제를 받을 수 있으며, 창업중소기업 등에 대한 세액감면 또는 중소기업에 대한 특별세액감면등과 중복하여 공제받을 수 있습니다.

[조세특례제한법] 제29조의3(경력단절 여성 재고용 기업에 대한 세액공제)
제29조의5(청년고용을 증대시킨 기업에 대한 세액공제)
제29조의7(고용을 증대시킨 기업에 대한 세액공제)
제30조의2(정규직 근로자로의 전환에 따른 세액공제)

[3] 세액공제의 이월공제
근로소득증대세액공제가 해당 과세연도에 납부할 세액이 없거나 최저한세 적용을 받아 해당연도에 공제받지 못한 금액이 있다면 이는 해당 과세연도의 다음 과세연도의 개시일로부터 5년 이내(2021년 이후 10년)에 끝나는 각 과세연도에 이월하여 공제받을 수 있습니다.

4 청년 등 취업자에 대한 소득세 감면

■ 청년 등 취업자에 대한 소득세 감면

[1] 개요

근로계약 체결일 현재 연령이 15세 이상 34세 이하인 청년(2018년 1월 1일 이후 29세 → 34세), 60세 이상인 사람·장애인(2014년 1월 1일 이후) 경력단절여성(2017년 1월 1일 이후)이 특정한 업종의 중소기업체(비영리기업 포함)에 **2025년 12월 31일까지 취업하는 경우** 그 중소기업체로부터 받는 근로소득으로서 **취업일부터 3년(2018년 이후 청년의 경우 5년)이 되는 날**이 속하는 달까지 발생한 소득에 대해서 일정비율에 상당하는 금액을 감면받을 수 있습니다. 이 경우 소득세 감면기간은 소득세를 감면받은 사람이 다른 중소기업체에 취업하거나 해당 중소기업체에 재취업하는 경우에 관계없이 소득세를 감면받은 최초 취업일부터 계산합니다. [조세특례제한법 제30조]

[2] 취업 연도별 감면율 [감면한도액 : 150만원]

2012.1.1. ~ 2013.12.31. 기간 취업시 : 100분의 100
2014.1.1. ~ 2015.12.31. 기간 취업시 : 100분의 50
2016.1.1. ~ 2017.12.31. 기간 : 100분의 70(감면한도액 150만원)
2018.1.1. 이후 : 100분의 70(청년의 경우 100분의 90)

[3] 2018년 개정 → 감면기간 및 감면율

청년 중소기업 취업자 소득세 감면기간은 취업일부터 5년이 되는 날이 속하는 달까지입니다. 예를 들어 2017년 6월 10일 입사한 경우 감면기간은 2017년 6월부터 2022년 6월 30일까지이며, **2017년 6월 10일부터 2017년 12월까지는 70%의 감면율이 적용되고,**

2018년 1월부터 2022년 6월 30일까지 적용되는 감면율은 90%입니다. (취업일부터 감면기간을 계산하는 것으로 신청일이 아님)

[4] 2018년 이후 취업하고, 종전 근무지에서 감면을 받은 사실이 없는 경우

취업일(근로계약체결일) 현재 연령이 15세이상 34세 이하인 경우 취업월부터 5년간 근로소득세의 90%를 감면받을 수 있습니다.

[5] 감면대상 연령

1. 감면대상 근로자 연령은 만34세 이하입니다. 예를 들어 2018년 9월 17일 입사자의 경우 1983년 9월 18일 이후 출생한 경우 만34세 이하로 감면을 받을 수 있습니다.
2. 취업시 연령요건을 충족하면 취업일부터 5년이 되는 날까지 감면 적용을 받을 수 있는 것으로 감면 기간 중 연령을 초과하는 경우에도 감면을 받을 수 있습니다.

[6] 종전 법령에 의하여 취업 당시 29세 이하로 감면기간(3년)이 종료되었으나 개정 법령으로 감면기간이 남아 있는 경우

종전 법령에 의하여 감면기간이 종료된 경우 그 종료월부터 2017년 12월까지는 감면을 받을 수 없으나 2018년 이후 개정 법령에 의한 감면기간 연장으로 2018년 이후 감면기간이 남아 있는 경우 종료월까지 근로소득의 90%를 감면받을 수 있습니다.

[7] 2017. 12. 31. 이전 입사시 만30세 ~ 만34세 이하인 경우

취업 당시 만34세 이하인 경우로서 5년이 경과되지 않는 경우 2017년 이전 소득에 대하여는 감면을 받을 수 없으나 2018년 이후 잔여기간에 대하여는 90% 감면을 받을 수 있습니다.

감면대상 청년 근로자 등

[1] 청년
근로계약 체결일 현재 연령이 15세 이상 34세 이하인 사람(외국인 포함). 다만, 다음의 어느 하나에 해당하는 병역을 이행한 경우에는 그 기간(6년을 한도)을 근로계약 체결일 현재 연령에서 빼고 계산한 연령이 34세 이하인 사람을 포함합니다.
① 현역병(상근예비역 및 경비교도·전투경찰순경·의무소방원을 포함)
② 공익근무요원
③ 현역에 복무하는 장교, 준사관 및 부사관

[2] 60세 이상의 사람
근로계약 체결일 현재 연령이 60세 이상인 사람

[3] 장애인
「장애인복지법」의 적용을 받는 장애인 및 상이자

[4] 다음의 요건을 모두 충족하는 경력단절여성
1. 해당 기업에서 1년 이상 근무하였을 것
2. 임신·출산·육아의 사유로 해당 기업에서 퇴직하였을 것
3. 해당 기업에서 퇴직한 날부터 3년 이상 10년 미만의 기간이 지났을 것

◆ 감면대상에서 제외되는 근로자
1. 법인의 임원
2. 법인의 최대주주 또는 최대출자자와 그 배우자
3. 제2호에 해당하는 자의 직계존속·비속 및 친족관계인 사람
4. 일용근로자

🔲 감면대상 업종

- 제조업, 건설업, 도매 및 소매업
- 운수업, 숙박 및 음식점업(주점 및 비알콜 음료점업은 제외한다)
- 부동산업 및 임대업, 기타 전문.과학 및 기술 서비스업
- 건축기술.엔지니어링 및 기타 과학기술서비스업,
- 출판.영상.방송통신 및 정보서비스업(비디오물 감상실 운영업 제외)
- 농업, 임업 및 어업, 광업, 전기.가스.증기 및 수도사업
- 하수.폐기물처리.원료재생 및 환경복원업, 연구개발업, 광고업
- 시장조사 및 여론조사업, 사업시설관리 및 사업지원 서비스업
- 기술 및 직업훈련 학원, 사회복지 서비스업
- 수리업을 주된 사업으로 영위하는 기업

▶ **제외 업종 예시**
- 법무관련, 회계.세무관련 서비스업 등
- 보건업(병원, 의원 등), 금융 및 보험업
- 예술, 스포츠 및 여가관련 서비스업
- 교육서비스업(기술 및 직업훈련 학원 제외), 기타 개인 서비스업
- 국가, 지방자치단체, 공공기관 및 지방공기업

🔲 감면신청 및 감면세액

▶ 감면 신청

[1] 근로자
근로자는 '중소기업 취업자 소득세 감면신청서'에 병역복무기간을 증

명하는 서류 등을 첨부하여 취업일이 속하는 달의 다음 달 말일까지 원천징수의무자에게 제출하여야 합니다. 다만, 감면 신청기한 경과 후 감면신청서를 제출하더라도 감면을 적용받을 수 있습니다.

[2] 원천징수의무자

근로자로부터 감면 신청을 받은 경우 그 신청을 한 근로자의 명단을 신청을 받은 날이 속하는 달의 다음 달 10일까지 원천징수 관할 세무서장에게 제출하여야 합니다. 이 경우 원천징수의무자는 감면신청서를 제출받은 달의 다음 달부터 매월분의 근로소득에 대한 소득세 중 감면급여비율 상당액을 원천징수하지 않습니다.

[3] 감면세액

중소기업체로부터 받는 근로소득(감면소득)과 그 외의 종합소득이 있는 경우 해당 과세기간의 감면세액은 다음 계산식에 따라 계산한 금액으로 하되, 연간 감면한도액은 150만원으로 합니다.

$$\text{종합소득 산출세액} \times \frac{\text{근로소득금액}}{\text{종합소득금액}} \times \frac{\text{감면대상 중소기업체로부터 받는 총급여액}}{\text{해당 근로자의 총급여액}} \times \text{감면율}$$

[개정 세법] 2023년 이후 중소기업 취업자에 대한 소득세 감면한도를 과세기간별 150만원에서 200만원으로 상향함(제30조)

청년 중소기업 취업자 소득세 감면 상세 내용

■ 국세청 홈페이지 → 알림소식 → 공지사항
「청년 중소기업 취업자 소득세 감면」 세법 개정 안내

SECTION 03

소득이 적은 근로자 지원제도 근로장려금

사업소득 또는 근로소득이 있으나 소득이 적어 생활이 어려운 가구를 지원하기 위하여 정부는 소득지원제도인 근로장려금을 지급하고 있으며, 국세청에 신청하면 심사후 지급하여 줍니다.

1 근로장려금 지원기준 및 금액

소득금액 기준

● **연간 총소득의 합계액이 다음의 기준금액 미만일 것**

거주자 및 배우자를 포함한 세대원(18세 미만 자녀 및 거주자 또는 그 배우자와 동일한 주소에 거주하는 직계존속과 직계비속))의 **연간 총소득의 합계액**이 총소득기준금액 미달하는 경우 근로장려금을 지급하며, 연간 총소득의 합계액에는 **사업소득**, 근로소득, 기타소득, 이자소득, 배당소득, 연금소득 등을 모두 포함한 금액으로 합니다.

■ 총소득기준금액

가구의 구성		총소득기준금액	최대지원금액
단독가구		2,200만원	150만원
가족가구	홑벌이	3,200만원	260만원
	맞벌이	3,800만원	300만원

[세법 개정] 근로장려금(EITC) 맞벌이 가구의 소득상한금액 인상 (조특법 §100의3 ① 2, §100의 5 ①, 3)

현 행		개 정	
□ 근로장려금 지급기준(기준금액 미만 지급)		□ 맞벌이가구 총소득기준금액 인상	
가구 유형	총소득 기준	가구 유형	총소득 기준
단독가구	2,200만원	단독가구	2,200만원
홑벌이가구	3,200만원	홑벌이가구	3,200만원
맞벌이가구	3,800만원	맞벌이가구	4,400만원
□ 총급여액에 따른 맞벌이가구 근로장려금 산정식		□ 맞벌이가구 소득요건 상향에 따른 장려금 산정식 수정	
총급여액 등	근로장려금	총급여액 등	근로장려금
800만원 미만	총급여액 등 × 800분의 330	800만원 미만	총급여액 등 × 800분의 330
800만원 이상 1천700만원 미만	330만원	800만원 이상 1천700만원 미만	330만원
1천700만원 이상 3천800만원 미만	330만원 - (총급여액 등 - 1천700만원) × 2천100분의 330	1천700만원 이상 4천400만원 미만	330만원 - (총급여액 등 - 1천700만원) × 2천700분의 330

<적용시기> '25.1.1. 이후 신청하는 분부터 적용

▶ **단독가구**

배우자, 부양자녀(18세 미만), 70세 이상 직계존속이 없는 가구

▶ **홀벌이가구**

1. 배우자가 있는 경우로서 배우자 소득이 연간 300만원 미만인 경우
2. 18세 이하 부양자녀가 있는 경우
3. 배우자가 없어도 70세 이상의 부모를 부양하는 경우(단, 주민등록표상 동거가족으로서 생계를 같이하고, 부모의 연소득 100만원 이하여야 함)

▶ **맞벌이가구**

맞벌이가구인 경우 배우자의 근로소득 총급여(비과세소득 제외) 및 사업소득의 연간 합계액이 **3백만원 이상**이어야 합니다.

○ 거주자(배우자 포함)의 연간 총소득의 합계액이 거주자를 포함한 1세대(가구)의 구성원 전원(가구원)의 구성에 따라 정한 총소득기준금액 미만일 것.

□ 조세특례제한법 제100조의3(근로장려금의 신청자격) -요약-
③ 거주자의 배우자에 해당하는지 여부와 직계존속 또는 직계비속의 배우자에 해당하는지 여부의 판정은 해당 소득세 **과세기간 종료일 현재**의 가족관계등록부에 따른다. 다만, 해당 소득세 과세기간 종료일 전에 사망한 배우자에 대해서는 사망일 전일의 가족관계등록부에 따른다.
⑤ 이 절과 제10절의4에서 "단독가구", "홀벌이 가구" 및 "맞벌이 가구"의 뜻은 다음 각 호와 같다. <개정 2021. 12. 28.>

1. 단독가구: 배우자, 부양자녀 및 제2호나목에 따른 직계존속이 없는 가구

2. 홑벌이 가구: 다음 각 목의 어느 하나에 해당하는 가구
  가. 배우자의 제3호에 따른 총급여액 등이 **3백만원** 미만인 가구
  나. 배우자 없이 부양자녀 있는 가구 또는 배우자 없이 다음의 요건을 모두 갖춘 직계존속이 있는 가구
    1) 직계존속 각각의 연간 소득금액의 합계액이 100만원 이하일 것
    2) 해당 소득세 과세기간 종료일 현재 주민등록표상의 동거가족으로서 해당 거주자의 주소나 거소에서 현실적으로 생계를 같이 할 것. 다만, 해당 소득세 과세기간 종료일 전에 사망한 직계존속에 대해서는 사망일 전일을 기준으로 한다.
    3) 70세 이상일 것. 다만, 대통령령으로 정하는 장애인의 경우에는 연령의 제한을 받지 아니한다.

3. 맞벌이 가구: 거주자 및 그 배우자의 소득세 과세기간 중에 다음 각 목의 금액을 모두 합한 금액(비과세소득과 대통령령으로 정하는 사업소득, 근로소득 또는 종교인소득은 제외하며, 이하 이 절과 제10절의4에서 "총급여액 등"이라 한다)이 각각 **3백만원** 이상인 가구
  가. 「소득세법」 제19조제1항 각 호에 따른 사업소득 중 대통령령으로 정하는 소득의 금액
  나. 「소득세법」 제20조제1항 각 호에 따른 근로소득의 금액
  다. 「소득세법」 제21조제1항제26호에 따른 종교인소득의 금액

● 소득종류별 소득금액 계산 방법

- 근로소득 = 총급여(비과세금액 제외)
- 사업소득 = 총수입금액 × <u>**업종별 조정률**</u>
- 이자·배당·연금소득 = 총수입금액
- 기타소득 = 총수입금액 - 필요경비

▶ **사업소득의 업종별 조정률 [조특법 시행령 제100조의3]**

1. 도매업 : 100분의 20
2. 농업·임업 및 어업, 광업, 자동차 및 부품 판매업, **소매업**, 부동산 매매업, 그 밖에 다른 목에 해당되지 아니하는 사업 : 100분의 30
3. 제조업, 음식점업, 건설업(비주거용 건물 건설업은 제외하고, 주거용 건물 개발 및 공급업을 포함한다): 100분의 45
4. 상품중개업, 숙박업, 하수·폐기물처리·원료재생 및 환경복원업, 운수업, 출판·영상·방송통신 및 정보서비스업, 금융 및 보험업 100분의 60
5. 부동산 관련 서비스업, 전문·과학 및 기술서비스업, 사업시설관리 및 사업지원서비스업, 교육서비스업, 보건업 및 사회복지서비스업, 예술·스포츠 및 여가 관련 서비스업, 수리 및 기타 개인 서비스업 100분의 75
6. 부동산임대업, 임대업(부동산 제외), 인적용역, 가구 내 고용활동 100분의 90

부양가족 기준

▶ **배우자 또는 자녀가 있는 경우**

배우자가 있거나 18세 이하 자녀가 있는 경우 홀벌이 가구 또는 맞벌이 가구의 근로장려금을 신청할 수 있으며, 이 경우 세대구성원 전부의 소득 및 재산이 기준금액 미만이어야 합니다.

▶ **배우자 또는 부양자녀 여부**

배우자 및 부양자녀 여부는 **해당 연도의 과세기간 종료일(12월 31일) 현재**를 기준으로 하며, 부양자녀가 해당 연도의 과세기간 중에 18세 미만에 해당하는 날이 있는 경우 18세 미만으로 봅니다.

■ 부양자녀 요건 → 다음 각 호의 요건을 모두 갖춘 사람
1. 거주자의 자녀이거나 동거입양자일 것. 다만, 부모가 없거나 부모가 자녀를 부양할 수 없는 경우 거주자의 손자·손녀를 포함합니다.
2. 18세 미만일 것. (장애인의 경우 연령 제한을 받지 않습니다.)
3. 연간 소득금액의 합계액이 100만원 이하일 것
4. 주민등록표상의 동거가족으로서 해당 거주자의 주소나 거소에서 현실적으로 생계를 같이 하는 사람일 것. 다만, 직계비속의 경우에는 그러하지 않음

재산 기준

거주자 및 배우자를 포함한 세대원(18세 미만 자녀 및 거주자 또는 그 배우자와 동일한 주소에 거주하는 직계존속과 직계비속)이 소유하고 있는 토지·건물·자동차·예금 등 재산 합계액(부채는 공제하지 않음)이 **직전연도 6월 1일 기준**으로 **2.4억원 미만**이어야 합니다. 단, 재산 합계액이 1.7억원 이상인 경우 근로장려금은 근로장려금 산정금액의 100분의 50에 해당하는 금액으로 합니다.

보 충　재산의 합계액에 포함하는 재산
1. 토지 및 건축물
2. 승용자동차. 다만, 영업용 승용자동차는 제외합니다.
3. 전세금(임차보증금 포함) : 시가표준액을 준용하여 평가한 금액의 100분의 60 이내에서 국세청장이 정하여 고시하는 금액(55%)
4. 이자소득을 발생시키는 예금·적금·부금·예탁금·저축성보험 등
　　다만, 금융재산의 개인별 합계금액이 5백만원 미만인 경우 제외
5. 유가증권 및 회원제 골프장을 이용할 수 있는 회원권
6. 부동산을 취득할 수 있는 권리

■ 재산가액에서 부채는 차감하지 않음

근로장려금 지원금액

[1] 단독가구

총급여액 등	근로장려금	비고
400만원 미만	총급여액 등 × 165/400	
400만원 이상 900만원 미만	165만원	
900만원 이상 2,200만원 미만	165만원 - (총급여액 등 - 900만원) × 165/1300	

[2] 홑벌이 가족가구

총급여액 등	근로장려금	비고
700만원 미만	총급여액 등 × 285/700	
700만원 이상 1,400만원 미만	285만원	
1,400만원 이상 3,200만원 미만	285만원 - (총급여액 등 - 1,400만원) × 285/1800	

[3] 맞벌이 가족가구

총급여액 등	근로장려금	비고
800만원 미만	총급여액 등 × 300/800	
800만원 이상 1,700만원 미만	330만원	
1,700만원 이상 3,800만원 미만	330만원 - (총급여액 등 - 1,700만원) × 330/2,100	

[세법 개정] 근로장려금(EITC) 맞벌이 가구의 소득상한금액 인상
(조특법 §100의3 ① 2, §100의 5 ①, 3)

현 행		개 정	
□ 총급여액에 따른 맞벌이가구 근로장려금 산정식		□ 맞벌이가구 소득요건 상향에 따른 장려금 산정식 수정	
총급여액 등	근로장려금	총급여액 등	근로장려금
800만원 미만	총급여액 등 × 800분의 330	800만원 미만	총급여액 등 × 800분의 330
800만원 이상 1천700만원 미만	330만원	800만원 이상 1천700만원 미만	330만원
1천700만원 이상 3천800만원 미만	330만원 - (총급여액 등 - 1천700만원) × 2천100분의 330	1천700만원 이상 4천400만원 미만	330만원 - (총급여액 등 - 1천700만원) × 2천700분의 330

<적용시기> '25.1.1. 이후 신청하는 분부터 적용

근로장려금 신청 및 환급

① 근로장려금을 지원받으려는 근로자 및 사업자는 종합소득과세표준 확정신고 기간(5. 1. ~ 5. 31.)에 '근로장려금신청서'에 근로장려금 신청자격을 확인하기 위하여 필요한 증거자료를 첨부하여 관할 세무서장에게 근로장려금을 신청하여야 하며, 근로장려금의 신청을 한 경우에만 근로장려금을 지원받을 수 있습니다.

② 제1항에도 불구하고 반기(半期)동안 근로소득만 있는 거주자는 상반기 소득분에 대하여 9월 1일부터 9월 10일까지, 하반기 소득분에

대하여 다음 연도 3월 1일부터 3월 17일까지 근로장려금신청서에 근로장려금 신청자격을 확인하기 위하여 필요한 자료를 첨부하여 납세지 관할 세무서장에게 근로장려금을 신청할 수 있습니다.

■ 신청기간

구 분	대 상 자	산정 대상	신청 시기
반기신청	근로소득자	'24년 상반기 소득	'24.9.1.~19.
		'24년 하반기 소득	'25.3.1.~17.
정기신청	근로 · 사업 · 종교인 소득자	'24년 연간 소득	'25.5.1.~31.

■ 근로소득만 있는 자는 반기신청과 정기신청을 선택하여 신청할 수 있고, 사업 또는 종교인 소득이 있는 자는 정기신청을 하여야 합니다.
■ 기한 후 신청 기간은 '25.6.1.~11.30.입니다.

■ 신청방법
○ ARS 전화신청(1544-9944)
○ 홈택스(모바일, PC) 신청
- 국세청 홈택스(www.hometax.go.kr)에 접속하여 신청

근로장려금 제도 상세 내용
국세청 홈페이지 → 국세정책/제도 → 근로·자녀장려금

② 자녀장려금 지원기준 및 지원금액

[1] 개요
자녀장려금이란 사업소득 또는 근로소득이 있는 자로서 일정 소득기준 및 재산기준에 미달하는 경우 자녀양육비를 지원하기 위한 제도로서 해당 과세연도 12월 31일 현재 **18세 미만인 자녀**가 있고, 거주자와 그 배우자의 연간 총소득 합계액이 **7천만원 미만**이면서 가구원 **재산 합계액이 2.4억원 미만**인 경우 자녀 1인당 최대 100만원을 지원받을 수 있으며, 근로장려금과는 별도로 지급받을 수 있습니다.

▶ 가구원 구성의 정의
■ 홀벌이 가구
① 배우자의 "총급여액 등"이 3백만원 미만인 가구
② 배우자가 없어도 부양자녀(18세 미만) 또는 70세 이상 직계존속(각각의 연간 소득금액이 100만원 이하이고 주민등록표상 동거가족으로 생계를 같이 할 것)이 있는 가구

■ 맞벌이 가구
거주자 및 배우자 각각의 "총급여액 등"이 3백만원 이상인 가구

[2] 총소득 요건
가구원 구성에 따라 거주자(배우자 포함)의 연간 총소득 기준금액이 다음표의 금액 미만이어야 합니다.

가구원 구성		단독 가구	홀벌이 가구	맞벌이 가구
총 소 득 기준금액	근로장려금	2,200만원	3,200만원	3,800만원
	자녀장려금	-	7,000만원	

[3] 재산 요건
가구원 모두의 재산(토지.건물.자동차.예금.전세보증금 등)을 합산하여 2.4억원 미만이어야 하며, 부채는 차감하지 않습니다.

가구원의 재산합계액이 1억 7천만원 이상 2.4억원 미만인 경우 자녀장려금이 50% 감액됩니다.

[4] 지원 금액
자녀장려금은 총급여액 등을 기준으로 다음 각 호의 구분에 따라 계산한 금액으로 합니다.

■ 홑벌이 가족가구

총급여액 등	자녀장려금
2,100만원 미만	자녀 1인당 100만원
2,100만원 이상 7,000만원 미만	100만원 - (총급여액등 - 2,100만원) × 4,900분의 50

■ 맞벌이 가족가구

총급여액 등	자녀장려금
2,500만원 미만	자녀 1인당 100만원
2,500만원 이상 7,000만원 미만	100만원 - (총급여액등 - 2,500만원) × 4,500분의 50

■ 장려금 상담센터 1566-3636